ILLUMINATION PRÉSENTE

COMME DES BÊTES 2

Traduction :
Christophe Rosson
Conception graphique du roman et mise en pages :
Caroline Rimbault

Hachette Livre, 58, rue Jean-Bleuzen, 92178 Vanves Cedex.

ILLUMINATION PRÉSENTE

COMME DES BÊTES 2

hachette
JEUNESSE

MAX

Gentil, attentionné et très sage, Max a tout du chien parfait ! Il aime très fort Liam, le petit humain de sa famille, et il ferait tout pour le protéger. Oui mais voilà, Max a une petite tendance à stresser… et depuis que Liam sait marcher, la vie de Max est HYPER stressante !

DUKE

Ce gros chien très joueur est le meilleur ami de Max ! Il est toujours là pour l'aider et le conseiller, même si son avis est toujours assez… farfelu ! Mais c'est l'intention qui compte… Plein d'énergie et toujours de bonne humeur, il est lui aussi très proche de sa famille.

GIDGET

Cet adorable loulou de Poméranie est très coquette. Toujours apprêtée et jamais décoiffée, elle nourrit un amour secret pour Max... Et elle est prête à tout pour que ce soit réciproque ! Même à devenir... un chat ?!

CHLOE

Chloe est très attachante, mais aussi… très agaçante ! Elle prend son rôle de chatte très au sérieux, et elle en incarne parfaitement toutes les attitudes. Alors lorsque Gidget a besoin de conseils pour devenir un chat, elle sait à qui s'adresser !

POMPON

Ce mignon petit lapin a une maîtresse qui adore le déguiser ! Et une fois en costume, il devient… Capitaine Pompon, le plus grand des super-héros ! Et ça tombe bien, car il a une grande mission de sauvetage à mener…

1
La famille s'agrandit

Le soleil brille dans le ciel de New York. C'est une journée parfaite pour se rendre à Central Park ! Et justement, une foule d'enfants y jouent au loup ou à cache-cache. Ils rient et s'amusent comme des fous !

Max, un petit chien au poil marron et blanc, à la truffe noire et aux oreilles tombantes, les observe d'un œil curieux. Qu'ont-ils donc à crier comme ça ? Mais… ils sourient, ils s'amusent… C'est donc que tout va bien ? Max est un peu perdu.

Il repère alors trois enfants qui montent à cheval sur le dos d'un énorme chien. Il se tourne vers son ami, un gros mâle prénommé Duke, et lui dit :

– Tu as vu ça ?

– Avoir des enfants, ça a l'air rigolo, répond Duke en souriant.

Un autre chien les rejoint et déclare, en secouant la tête :

– Pas du tout. Du jour où tes humains ramènent un petit à la maison, ta vie n'est plus jamais la même.

L'énorme mâle avec trois enfants sur le dos déboule à ce moment précis entre Max et Duke. Les deux amis l'évitent de justesse !

– Non. Plus jamais la même… souffle l'autre chien.

Le lendemain, Max se promène avec Duke, et leur maîtresse, Katie. Max adore ces balades ! Rien qu'eux trois, sans enfants pour faire du vacarme. Le bonheur !

Un cycliste aperçoit Katie et ses chiens. Il sourit à la jeune femme et… *BOUM !* Il percute l'arrière d'un taxi garé contre le trottoir. *VLAN !* Le cycliste fait un vol plané et atterrit juste devant Katie et ses chiens. Heureusement pour lui, Chuck, le cycliste, porte un casque : il n'a rien de cassé.

– Vous n'avez rien ? s'inquiète quand même Katie en l'aidant à se relever.

– Euh… bredouille Chuck en regardant Katie. Non, tout va bien.

Soulagée, Katie lui sourit. Aux yeux de Max, elle a le plus beau sourire au monde. Chuck semble l'apprécier, lui aussi. Il lui rend son sourire et… Duke en profite pour lui lécher la figure. *SLUUURP !* Un bon gros coup de langue baveux !

– Oups… glousse Katie. J'ai l'impression que Duke vous aime bien !

– Pas grave, s'esclaffe Chuck en s'essuyant la joue. Moi, j'adore les chiens ! Salut, Duke. La forme, mon grand ?

Et il caresse le gros chien poilu. Après quoi, il fait de même avec Max. Celui-ci agite sa queue.

Katie, elle, sourit face à ce gentil spectacle.

Les jours passent… Katie et Chuck se voient régulièrement. Bientôt ils se marient, et le couple s'installe dans l'appartement de la jeune femme. Ça fait du changement pour tout le monde, mais Max ne s'en plaint pas : il a désormais deux humains avec qui jouer à la balle ou sortir se promener !

Jusqu'au jour où… Katie et Chuck ont un bébé !

– Max, Duke… je vous présente Liam, déclare Katie en rentrant de l'hôpital avec Chuck et leur fils.

Les deux chiens s'approchent prudemment du bébé. Emmitouflé dans une couverture, Liam tète sa sucette et leur sourit. Duke lui sourit immédiatement, mais Max hésite. La présence de ce bébé ne lui plaît pas trop. Pas du tout, même !

Les premiers temps, Liam passe ses journées à dormir. Katie le berce dans le grand rocking-chair. Elle lui chante des berceuses. Max, lui, se dit que Liam doit rêver à… à ce dont rêvent les bébés, pardi.

Couché dans son panier, Max regarde Katie et Chuck qui gazouillent au petit :

– C'est qui, le joli bébé ?

– Qu'est-ce que tu es mignon, toi !

Max trouve ça normal.

Hélas, un jour, Liam se met à parler. Et le moins qu'on puisse dire, c'est qu'il parle fort. TRÈS FORT ! Max n'arrive plus à fermer l'œil : les cris de Liam l'empêchent de fermer l'œil. Bientôt, l'enfant se lève dans son berceau en hurlant. Il jette même ses jouets dans tous les sens : *ZIM ! ZAM ! ZOUM !*

Quelque temps plus tard, voilà que Liam se met à ramper par terre. Max court se réfugier dans un placard pour ne pas croiser son chemin. Le petit chien glisse sa tête hors du placard pour voir si la voie est libre. *Patatras !* Liam fonce droit vers lui, à quatre pattes ! Et le pauvre chien doit vite faire machine arrière.

Parfois, quand Max décide de faire la sieste sous la table de la salle à manger, Liam vient lui taper la tête avec sa balle. Quelle horreur !

Les balles sont faites pour être lancées puis rattrapées, pas pour martyriser les gentils toutous ! Il faudrait l'cxpliquer à ce bébé...

Max ne se sent plus en sécurité chez lui. L'appartement est désormais le royaume d'un petit monstre ! Max n'est plus à l'abri nulle part, pas même derrière les rideaux du salon, où Liam sait le trouver, et vient souvent lui tirer la queue ou les oreilles.

Mais un jour, alors que Max somnole dans son panier, Liam lui fait une surprise pour le moins... ébouriffante.

2
Max monte la garde

Liam rampe jusqu'au panier de Max et s'écrie « Max ! »

Aussitôt après, il fait un gros câlin au petit chien. Max n'en revient pas…

– Je t'aime, Max, ajoute Liam de sa petite voix.

Et Max qui croyait que cet enfant ne le supportait pas ! Voilà bientôt l'animal qui lèche Liam, et celui-ci qui gazouille de plaisir.

À partir de maintenant, tout est différent !

Max et Duke deviennent des modèles pour Liam. Quand il voit les deux amis manger dans leurs gamelles, il pose son bol de céréales par terre et mange à quatre pattes. Comme un chien !

Liam se met même à enterrer ses jouets, lui aussi. Et quand Max, Duke et lui découvrent un chien dans un livre d'images, Liam se met à aboyer.

Il aime diriger le sèche-cheveux dans la figure de ses toutous. Max et Duke sont ravis, ils ont l'impression d'être en voiture, la tête sortie par la vitre !

Et le jour où Katie s'amuse à faire des bulles de savon dans l'appartement, Liam, Max et Duke s'amusent comme des fous à essayer de les attraper. *POP ! POP ! POP !*

– Bulles ! s'exclame même Liam.

Mais le mieux, c'est quand Max, Duke et Liam se roulent par terre en se faisant des câlins. Dans ces moments-là, Max se dit : « Je ne sais pas si j'aime tous les enfants, mais celui-ci, je l'adore. Il est parfait. C'est mon petit ! Je le protégerai jusqu'à mon dernier souffle. »

Hélas, tout n'est pas si rose. Avant l'arrivée de Liam, Max était un gentil chien plutôt insouciant. Depuis qu'il s'est pris d'affection pour cet enfant, il passe son temps à s'inquiéter pour lui. New York est une grande ville remplie de millions de gens, de voitures, de vélos, de motos, de taxis, de bus et de pigeons. Sans parler de toutes les choses dégoûtantes qu'un petit risque d'avaler !

Max a juré de le protéger, mais c'est ex-té-nu-ant !

Quand Katie les emmène en balade, elle équipe Liam d'un harnais. Une laisse pour le bambin ?

Max trouve l'idée excellente ! On n'est jamais trop prudent, avec les enfants…

Il ouvre l'œil, malgré tout, et guette le moindre danger. Souvent, il doit pousser Liam du museau pour lui éviter de marcher dans du chewing-gum gluant ou de s'aventurer au milieu des pigeons. Une vigilance de *tous les instants* !

Une nuit d'orage, alors que Duke et Liam dorment comme des bébés, Max tremble de tout son corps. Il sursaute à tous les *BOUM !* que fait le tonnerre, et frémit chaque fois que surgit un éclair. Il a beau se tourner et se retourner dans son panier, impossible de trouver la bonne position pour dormir.

Alors, par désespoir, Max va se hisser dans le lit de Liam. L'enfant se réveille à moitié et murmure :

– Gentil toutou.

Il n'en faut pas plus pour apaiser Max. Il sourit, ferme les yeux, et s'endort.

Le lendemain matin, l'orage est passé. Le soleil brille.

Chloe, une grosse chatte grise qui vit dans le même immeuble que Max, se réveille dans le salon de sa maîtresse. Elle bâille, s'étire, puis constate qu'elle a faim. Ce qui lui arrive *très souvent.*

La queue droite et la démarche chaloupée, Chloe va grimper sur le lit de sa maîtresse. Celle-ci dort encore à poings fermés.

– Miaou, fait Chloe de sa voix la plus mignonne.

Sa maîtresse ne bronche pas. Chloe monte le son :

– MIAOU.

Toujours aucune réaction.

Alors Chloe tapote le nez de l'humaine. Puis elle lui appuie des pattes avant sur la figure. Sans plus de succès. Soudain, Chloe a une idée.

Elle se met à tousser pour recracher une boule de poils. En une fraction de seconde, sa maîtresse se réveille et se redresse dans son lit.

– Oh non ! s'écrie-t-elle. Non, non, non, non, non, non !

Chloe marque une pause, prête à cracher la boule de poils sur le lit.

– NON ! la met en garde sa maîtresse.

Comme si elle pouvait donner des ordres à Chloe… La chatte crache sa boule de poils sur les draps propres. Puis elle affiche son plus beau sourire.

Dans l'appartement situé sous celui de Max, un petit lapin blanc du nom de Pompon dort paisiblement dans la chambre de sa maîtresse. Celle-ci, Molly, est déjà réveillée, elle.

– Bonjour, Pompon ! lance la fillette. Il est où, le lapin le plus super du monde entier ?

Aussitôt, elle saisit Pompon et le serre dans ses bras. Elle enfouit sa figure dans le pelage doux et blanc du lapin. Pompon aime jouer les durs, mais il raffole de ces moments de tendresse avec Molly !

Molly, justement, l'emmène dans la salle de bains, où elle se brosse les dents. Après quoi, elle brosse les dents du lapin.

Molly va ensuite prendre son petit déjeuner, tout en regardant un dessin animé avec Pompon.

« Prends ça, gros méchant ! » s'écrie le héros du dessin animé.

– Excellent ! le félicite Molly quand le méchant mord la poussière.

Voilà qui donne une idée à la fillette…

3
Un drôle de super-héros

Molly retourne dans sa chambre, où elle peigne Pompon.

– Oreilles ! réclame-t-elle pour que le lapin dresse les oreilles.

La petite fille en profite pour lui passer un masque de super-héros sur la tête. Puis elle lui met sa cape, et l'assoit sur une chaise, devant une petite table ronde. Des peluches en costume de super-héros sont déjà installées autour de Pompon. Molly aussi porte une tenue de super-héroïne.

– Je déclare la réunion des Amis Animaux des Super-héros ouverte ! lance la fillette. La ville est infestée de criminels… Nous devons être prêts à les affronter !

Mais soudain, la voix de son père retentit depuis le salon :

– Viens, Molly, il faut y aller !

La fillette consulte l'horloge posée sur sa table de nuit.

– Oups, s'écrie-t-elle. Je vais être en retard à l'école !

Aussitôt, elle retire sa cape et dépose un baiser sur le front de son lapin blanc.

– Capitaine Pompon, c'est toi le chef en mon absence ! lui dit-elle.

Sur ce, elle ramasse son sac à dos et court rejoindre son père.

Pompon s'adresse alors aux peluches :

– Tout d'abord, bienvenue à Tonnerre Blanc, de retour d'un séjour au lave-linge. Il y a été envoyé en compagnie d'un doudou rouge. Il répondra donc désormais au nom de… Tonnerre Rose ! Perso, j'adore ce nouveau look.

Puis il se lève et conclut :

– Bien. Je vais aller inspecter le quartier.

Il sort de la chambre, bondit sur un appui de fenêtre et passe sur l'escalier de secours, qui domine l'immense ville.

– Bien le bonjour, New York ! lance-t-il en prenant une pose de super-héros.

– Pompon ! l'appelle une voix. Ohé ! Pompon !

Le lapin lève les yeux et aperçoit Max, qui l'observe depuis l'étage du dessus.

– Qu'est-ce que tu fais ? l'interroge le chien.

– Qu'est-ce que tu crois que je fais ? lui renvoie Pompon. Je chasse les méchants, P'tit Toutou. (« P'tit Toutou » est le surnom que Pompon a donné à Max lorsqu'ils se sont rencontrés. Max est pourtant beaucoup plus grand que Pompon…) Je fais des trucs de super-héros !

– Euh… hésite Max. Bon, ben… Tu sais que ta maîtresse t'a *juste* mis un pyjama de super-héros, hein ?

– Ce que tu peux être naïf ! s'esclaffe Pompon. Montre-moi un animal en détresse, et laisse-moi faire !

Aussitôt, le lapin enchaîne une série de mouvements de karaté.

– *YA ! WAH !* COUP MORTEL ! *ZOUM-ZOUM ! YAAAAA !*

– OK, OK, capitule Max en levant une patte. Et là, ton humaine est partie à l'école ?

– Oui, elle a un contrôle d'orthographe. Elle va cartonner. Même qu'elle écrit direct ses réponses à l'encre, tellement elle est sûre d'elle.

Pompon est vraiment très fier de sa maîtresse.

– Impressionnant, reconnaît Max. Mais tu sais quoi ? Liam aussi, il est très fort. La preuve : j'ai entendu Katie dire que son tour de tête était dans les 80 %.

– Trop cool, approuve Pompon.

– Carrément ! s'enthousiasme Max. En plus, il sait allumer la télé tout seul.

– Pas mal… Mais dis-moi : il fait toujours pipi partout ? Il ne contrôle pas encore sa vessie ?

Max grimace. Pompon essaie-t-il de rabaisser Liam ?

– Peut-être, concède-t-il. Mais tous les animaux savent que, quand on fait pipi sur un truc, il nous appartient. Liam est… prévoyant, voilà tout.

– Il vaudrait quand même mieux qu'il soit propre avant l'entrée en maternelle. Ça lui évitera une sale réputation.

– La maternelle ? s'étonne Max.

– Il a l'âge, insiste Pompon. L'oisillon va quitter le nid, P'tit Toutou.

– Pas question ! s'indigne le chien. L'oisillon n'ira nulle part. La maternelle, pff… Il va rester avec moi, en sécurité !

Au même instant, Duke passe la tête par la fenêtre ouverte.

– Hé, Max. Surtout ne panique pas, hein, mais Liam vient de s'en aller.

– HEIN ? panique instantanément Max. Il est parti où ?

– Aucune idée, lui répond Duke. Les humains ne confient jamais ce genre de détails aux chiens...

Max rentre aussitôt dans l'appartement et fonce droit au panier de joujoux pour toutous. Il en sort un talkie-walkie dont il presse un bouton, puis il prononce dans l'appareil :

– À toutes les unités : le colis a quitté l'immeuble ! L'un de vous l'a-t-il vu ?

Sur le toit du bâtiment, un teckel noir et marron prénommé Buddy se penche pour scruter la porte du rez-de-chaussée.

– Je ne le vois nulle part, déclare-t-il dans son talkie-walkie. À vous.

Dans un autre appartement, Mel, un carlin qui adore chasser les écureuils, est en train de déguster un paquet de chips. Il appuie sur le bouton de son talkie-walkie et annonce :

– Il n'est pas dans mes chips. À vous.

– OK... se désole Max. Continue la surveillance... Non, attends ! Que veux-tu qu'il fabrique dans un paquet de chips ?

Mel n'a pas le temps de s'expliquer que la voix de Norman le cochon d'Inde crépite dans le talkie-walkie :

– Ici Œil de Lynx. On se calme. J'ai repéré le colis dès qu'il a quitté le bâtiment. À vous !

Un talkie-walkie fixé au front, Norman pilote une voiture télécommandée dans le quartier. Il suit Chuck et Liam qui vont s'asseoir à une terrasse. Norman se gare, puis il se rapproche discrètement de ses cibles. Chuck donne un cookie à son fils.

– Le sujet est sain et sauf, chuchote le cochon d'Inde dans son talkie-walkie. Il mange un biscuit en forme d'élan. Non, attendez : en forme de renne !

Max pousse un long soupir de soulagement.

– OK, dit-il. Merci, Norman. Super boulot, mon vieux !

4

Alerte : vétérinaire !

Max se gratte vigoureusement derrière l'oreille avec une patte arrière. Il se gratte souvent, ces derniers temps.

– Tu te grattes encore… remarque Duke.

Max ne relève pas et continue de se gratter en marmonnant :

– Je déteste quand ils emmènent Liam sans moi.

C'est alors que Katie entre dans la chambre, une balle en caoutchouc à la main.

– Hé, Duke ! s'exclame-t-elle. Ooooh ! Mais c'est quoi, ça ?

– Je sais ! réplique le gros toutou, comme si Katie pouvait le comprendre. C'est une ba-balle !

Elle lance la balle à l'autre bout de la chambre et s'écrie :

– Va chercher !

Duke se précipite immédiatement. Katie en profite pour accrocher sa laisse à Max et lui dire :

– Hé, Max ! Et si on allait se promener ?

Le chien agite sa queue, tout guilleret. Dans la foulée, Katie et lui quittent l'appartement, puis sortent de l'immeuble.

– Super idée ! songe Max. Ça va me faire du bien, de me dégourdir les pattes !

Mais lorsqu'ils passent devant la porte d'un autre bâtiment, ils croisent un chien qui tire sur sa laisse.

– Je veux pas aller chez le vétérinaire ! s'égosille l'animal.

– LE VÉTÉRINAIRE ? s'étrangle Max. Non ! Non, non, non, non, non !

Hélas, Katie l'entraîne jusqu'au cabinet du vétérinaire, et en ouvre la porte.

– C'est nul ! peste Max. Tu m'as piégé !

– Allons, Max, l'implore sa maîtresse. Tu es tout le temps stressé, le vétérinaire va pouvoir t'aider. Courage, mon grand !

Katie et Chuck ont, eux aussi, remarqué que leur chien se grattait en permanence. Ils ont décidé d'aller consulter le vétérinaire.

Mais Max n'a pas envie de voir ce personnage. Il plante ses griffes dans le trottoir, et Katie doit carrément le traîner à l'intérieur. Elle déteste cette méthode, mais elle sait que la visite fera du bien à Max.

La salle d'attente est noire de monde. Katie se trouve une place, et Max s'installe à ses pieds. Le pauvre toutou tremble de tout son corps ! Alors Katie le prend sur ses genoux et tente de le calmer.

Max repère un chat tout maigrichon, sur la chaise d'à côté.

– Première fois ? lui demande ce chat en constatant qu'il tremble.

– Euh, oui… admet Max.

– Oh, le Dr. Francis est le meilleur vétérinaire de tous les vétérinaires. Tu vas l'adorer. Sa spécialité, ce sont les troubles du comportement.

– Mais je n'ai pas du tout de troubles du comportement ! proteste Max. Enfin, bon, c'est vrai qu'il m'arrive de stresser… Mais le monde est dangereux ! Il faudrait être fou pour ne pas stresser !

– Moi, pareil, approuve le chat. C'est mon humaine, qui est dingue. Enfin, imagine : je lui apporte un oiseau mort : ELLE LE JETTE ! Je lui apporte une souris morte : DIRECT À LA POUBELLE ! Je ne fais jamais rien assez bien pour toi, maman ?

Et voilà le chat en folie qui se jette sur sa maîtresse.

– D'accord… souffle Max.

Là, il aperçoit un hamster qui court dans une roue installée dans sa cage.

– Je cavale, je cavale, je cavale, je cavale, et quand je ressors je ne suis allé nulle part ! déclare le hamster, la mine un peu ailleurs. NULLE PART !

À la droite de Max, un chien se cache entre les jambes de sa maîtresse. Il n'a pas l'air bien rassuré. Levant les yeux vers Max, cet animal prononce :

– Mon humaine dit tout le temps : « T'es un bon toutou ». Et je crois que je suis un bon toutou… Mais si, au fond j'étais un méchant toutou ? Et si j'étais méchant ? Hein ?

– Hé, hé… fait Max dans un petit rire nerveux.

Il ne sait quoi répondre à ce toutou. Comment pourrait-il savoir s'il est bon ou méchant, après tout ? Ensuite, Max aperçoit deux adorables chatons qui lui sourient. Max leur sourit.

– Nous ce qu'on aime, c'est mettre le feu, déclarent-ils en chœur, d'une voix stridente.

Max pousse un cri et tombe par terre.

– Max ? s'inquiète Katie. Tout va bien ?

Une heure plus tard, Katie et Max rentrent chez eux. Le vétérinaire a passé une collerette autour du cou du chien pour l'empêcher de se gratter. Max pénètre dans l'appartement la tête basse, la démarche lente. Katie lui caresse le front. Max la regarde de ses grands yeux tristes.

– Je sais, mon grand, lui chuchote sa maîtresse.

Après quoi, elle regagne sa chambre. Seule. Max tente bien de se gratter l'oreille, mais son fichu cône l'en empêche ! En plus, cet objet dégage une drôle d'odeur. Et pour couronner le tout, Max est sûr que ce jabot lui donne l'air bêta.

Le moral à zéro, il aperçoit tout à coup son joujou préféré sur la table basse du salon : Bizz Abeille. Mais bien sûr ! Il n'a qu'à jouer avec Bizz Abeille, tout ira mieux, ensuite !

Max trottine jusqu'à la table et tente de saisir Bizz Abeille dans sa mâchoire… Hélas, la collerette l'en empêche. *BOINK !* Le chien essaie de se glisser sous la table à plusieurs endroits, mais celle-ci cogne chaque fois contre la table. Alors il tend une patte vers le joujou : échec. Il tend la langue vers le joujou : échec. Il souffle comme un fou

pour pousser le joujou : échec. Il tend une patte arrière : échec, échec et encore échec !

– Max ! Max ! claironne soudain Duke depuis le couloir.

Le gros toutou déboule dans le salon et renverse la table basse au passage. Max a tout juste le temps de bondir pour ne pas se faire écraser ! Heureusement, sitôt la frayeur passée, il constate que Bizz Abeille est complètement dégagée. VICTOIRE !

– Tu ne vas jamais le croire, lui lance son ami. Oh, joli cône, soit dit en passant ! Mais peu importe, figure-toi que j'ai entendu Chuck annoncer à Liam qu'on allait faire… un voyage !

– Un voyage ? se réjouit Max. En voiture ?

– ON VA FAIRE DE LA VOITURE ! lui confirme Duke.

– Voiture, voiture, voiture, voiture, voiture !

– Voiture ! Ho, ho, ho, ho, ho ! VOITURE !

Les deux amis échangent un immense sourire.

– La vie est bizarre, parfois, commente Max. On te force à mettre une collerette et, une heure plus tard, tu montes en voiture !

– C'est très personnel, ton analyse, mais je suis bien d'accord avec toi, approuve Duke.

Max saisit alors Bizz Abeille dans sa mâchoire et annonce :

– Je reviens tout de suite, attends-moi !

5

On peut toujours compter sur Gidget

Max grimpe sur l'escalier de secours. Il tient toujours Bizz Abeille dans sa gueule. Il se dirige vers l'appartement de Chloe et trouve son amie en train de jouer avec un butoir de porte à ressort. *BOOOOINK.*

– Chloe ? l'interpelle Max, la gueule pleine.

BOOOOINK.

Le chien pose son joujou.

– Chloe, je pars faire de la voiture et je…

BOOOOINK.

– Et je me demandais si tu…

Max tente une troisième fois sa chance. Cette fois, il pose sa question à cent à l'heure, avant que Chloe ne refrappe le butoir.

– Tu veux bien t'occuper de ma Bizz Abeille pendant mon absence ?

BOOOOINK. Chloe se désintéresse enfin du butoir et se tourne vers Max. Elle semble tout juste remarquer sa présence.

– Tiens, salut, Max. Tu me parlais ?

– Oui. Je me demandais si tu…

BOOOOINK.

Chloe s'est déjà remise à jouer.

– Ok, pas grave… grogne Max.

Le temps de récupérer Bizz Abeille, et il se dirige vers une fenêtre de l'appartement voisin.

Tandis qu'il s'éloigne, Chloe lui lance :

– Tu m'expliques pourquoi tu as une collerette autour du cou ?

Max pénètre dans la cuisine de l'appartement où habite son amie Gidget. Gidget est un loulou de Poméranie femelle au poil blanc. Ses maîtres l'aiment tellement qu'ils ont fait réaliser plusieurs portraits d'elle. Portraits qu'ils ont d'ailleurs accrochés partout aux murs. Gidget, elle, est un peu amoureuse de Max. Plus qu'un peu, d'ailleurs…

– Gidget ? l'interpelle Max. Gidget, tu es là ? Gidget ?

Le petit chien voit de la vapeur s'échapper du lave-vaisselle dont la porte est pourtant fermée. La porte s'ouvre brusquement, et voilà Gidget qui apparaît, dans l'appareil, une serviette enroulée autour de la tête. La petite chienne prenait un bain de vapeur.

– Oh, mais coucou, Max ! s'exclame-t-elle, ravie de voir son ami. Tu veux te joindre à moi ?

– Ce serait avec joie, lui répond Max, mais je vais faire de la voiture !

– La chaaaance… s'extasie Gidget.

– Et à ce propos, je me demandais si… tu accepterais de garder ma Bizz Abeille en mon absence.

Aussitôt, Max montre le joujou.

– Il est trop chou ! s'étouffe Gidget.

– Carrément. C'est mon joujou préféré au monde. Tu as vu sa petite bouille ? Sérieusement, regarde-moi sa petite bouille trop craquante ! Oh, et puis écoute, aussi !

Là, il donne un coup de patte à Bizz Abeille. *COOOOUIC !* couine aussitôt le jouet.

Gidget en reste muette d'admiration.

– La vache, fait-elle ensuite. Oh, mais je l'adore ! C'est comme si on était ses parents. Genre toi, le papa, moi, la maman – on est en couple –, et Bizz Abeille est notre bébé !

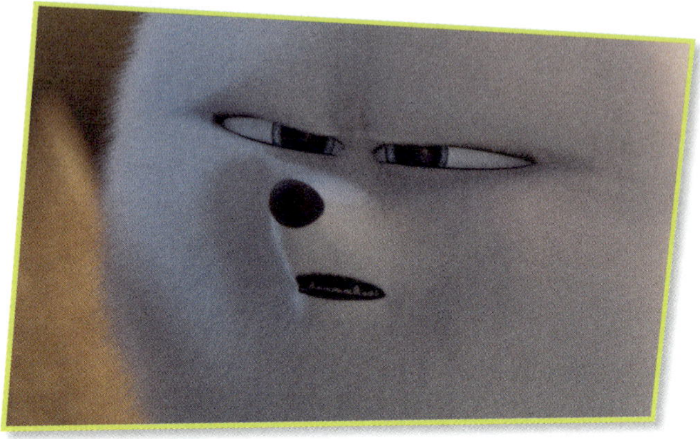

Max n'a pas l'air convaincu. L'idée ne le séduit pas plus que ça. En revanche, il a vraiment besoin que Gidget lui garde sa Bizz Abeille.

– Ben, je, euh… bredouille-t-il.

– C'est bien ce que je dis ! insiste Gidget. Notre *bébé* !

– D'accord, oui, finit par capituler Max. C'est exactement ça. Et donc, tu acceptes de veiller sur Bizz Abeille en mon absence ?

– Pars tranquille, Max, lui sourit son amie. Amuse-toi bien ! Je m'occupe du reste.

Max lui sourit à son tour, soulagé.

– Merci, Gidget ! À plus !

Et voilà le petit chien qui repart au galop. Gidget, elle, se dresse devant le joujou, bien droite, tel un bon soldat.

– Je défendrai Bizz Abeille, même si je dois y laisser ma vie ! promet-elle.

Puis elle donne un petit coup de patte au joujou. *COUIC !*

– Hi hi ! glousse Gidget avant de reprendre son sérieux.

Une demi-heure plus tard, Chuck et Katie quittent New York à bord de leur voiture. C'est Chuck qui conduit, Katie est assise à côté de lui. Liam, dans son siège enfant, est à l'arrière. Max et Duke, eux, ne tiennent pas en place : ils sautent sur place comme des cabris !

Soudain, Duke passe la tête par-dessus le siège de Chuck et cale sa figure devant celle de son maître.

– Bon chien ! le félicite Chuck.

Mais quand l'animal tente de se hisser sur le siège du conducteur, Chuck le calme immédiatement :

– Oh, là, mon grand ! Il n'y a pas assez de place pour nous deux… Ni même pour toi tout seul !

Alors Duke va se rasseoir gentiment à côté de son ami et du bébé.

– Comment ça va, Liam ? demande justement Max.

Le petit lève les deux poings et s'écrie :

– Wou-hoooou !

– Je suis bien d'accord avec toi ! approuve Duke.

Max a une idée. Il se met à tapoter la vitre.

– J'ai compris, déclare Katie en appuyant sur le bouton pour baisser la vitre.

Les deux chiens passent la tête hors de la voiture, la langue flottant au vent.

– Quel bonheur ! s'extasie Max.

Il ne pense plus du tout à la maudite collerette qu'il porte toujours !

– Je ne te le fais pas dire ! lui sourit son ami.

Max éclate de rire. Puis il hume à pleine truffe. *SNNNIIIIIFFFF !*

– Tu sens ce que je sens ? lance-t-il à Duke.

– Quoi ? lui renvoie celui-ci.

– Toutes ces odeurs ! Toutes les odeurs du monde *en même temps !*

Le trajet se poursuit et, bientôt, Max remarque un chien dans une voiture qui roule sur la voie de droite. Cet animal aussi a sorti la tête par la vitre.

– Ohé ! l'interpelle Max.

– Je fais de la voiture ! trépigne l'inconnu.

– Nous aussi ! s'excite Duke.

– C'est génial, hein ? ajoute Max.

– Carrément l'éclate, oui ! rigole l'autre chien.

La voiture de Chuck et Katie franchit un pont. New York disparaît derrière eux ; c'est la première fois de sa vie que Max quitte la grande ville…

6
Au secours, Capitaine Pompon !

Chuck, Katie, Liam, Max et Duke s'éloignent toujours de New York. Les chiens gardent la tête à l'extérieur du véhicule ; pas question de rater la moindre odeur au passage !

Bientôt, Liam partage sa brique de jus de fruit avec Max et Duke. Les deux chiens ont soif, à force de gober du vent !

Et forcément… quand on a bu… on a très vite envie de…

Chuck décide de faire une pause sur une aire de repos. Katie se tourne vers la banquette arrière et s'adresse à ses trois occupants :

– OK, les gars, tâchons de faire vite !

Sitôt sortis de la voiture, Max et Duke vont lever une patte contre un arbre. Liam les rejoint en courant et lève la patte à son tour. Heureusement, Katie le prend dans ses bras avant que le pire ait pu se produire.

– Oh non, non, non, lui dit-elle. Toi, par ici, mon grand, je t'emmène.

– Noooooon ! proteste Liam.

L'enfant veut faire pipi comme ses deux amis.

Pendant ce temps, Gidget veille sur Bizz Abeille. Assoupie devant une fenêtre ouverte, elle se met à rêver… À rêver qu'elle se promène dans la rue avec Max… Ensemble, ils poussent une poussette dans laquelle sommeille Bizz Abeille… Ils parviennent ainsi à une jolie plage, où ils s'installent dans des transats et se font bronzer… La journée terminée, Gidget et Max se couchent dans leur panier, tandis que Bizz Abeille regarde la télévision. Hélas, à l'instant où les deux amoureux s'apprêtent à s'embrasser…

COUIC !

Gidget a heurté par erreur Bizz Abeille dans son sommeil. Le couinement la réveille.

– Oh la barbe ! s'écrie-t-elle alors que le joujou roule vers la fenêtre…

… et tombe dans le vide !

– Oh non, non, non ! panique la chienne.

Aussitôt, elle déboule sur l'escalier de secours pendant que le joujou préféré de Max dévale les marches.

– Non, non, non, non ! glapit Gidget.

Elle tente d'attraper Bizz Abeille au vol, mais le jouet rebondit sur un balcon et atterrit dans un autre appartement.

– Gidget, se sermonne la chienne, qu'est-ce que tu as encore fait... ?

Elle descend l'escalier au pas de course et se plante devant la fenêtre par laquelle Bizz Abeille a disparu. Le courant d'air agite les rideaux. À l'intérieur, il fait trop sombre, Gidget ne distingue rien du tout.

Alors elle écarte les rideaux du bout du museau et découvre des piles de vieux journaux. Partout, des pelotes de laine dévidées. Une vieille dame regarde un jeu télévisé, installée dans un très vieux fauteuil.

Gidget repère Bizz Abeille à deux pas de la fenêtre.

– Ah ! triomphe-t-elle tout bas. Te voilà !

Elle grimpe discrètement sur l'appui de fenêtre. Elle tremble un peu, de peur, mais elle est déterminée à récupérer le joujou chéri de Max. Elle s'immobilise soudain, quand une drôle d'odeur lui parvient... un mélange de vieux poils et de conserves de viande.

– OK, chuchote Gidget pour se rassurer.

Mais tout à coup – *ZWIIIP !* – une patte surgit de sous le fauteuil de la vieille dame et s'empare de Bizz Abeille. Un chat apparaît bientôt, tenant le joujou contre son flanc.

Un autre chat émerge ensuite de sous le fauteuil. Puis un troisième. Et un quatrième…

Cet appartement grouille de chats ! Et ces chats se mettent à se disputer Bizz Abeille. La vieille dame à chats, elle, ne leur prête aucune attention.

– Bonjour, Pumpkin, se contente-t-elle de dire à la masse de chats qui se battent.

Et justement, l'un d'eux se tourne soudain vers la fenêtre ouverte. Il croit avoir entendu un bruit.

Il n'y a pourtant personne sur l'appui de fenêtre…

C'est que Gidget est repassée sur l'échelle de secours. Les yeux écarquillés, tout essoufflée, elle se murmure à elle-même : « Oh, ma pauvre Bizz Abeille… »

Comment va-t-elle pouvoir arracher le joujou préféré de Max des pattes de tous ces chats ?

Dans l'appartement de Molly, Pompon essaie de soulever un minuscule haltère.

– Tu sais, Chloe, grogne-t-il à la chatte venue lui rendre visite, je vais être le plus musclé de tous les petits lapins !

– Oui, oui, c'est fascinant, souffle Chloe en renversant des bibelots sur une étagère.

– Dès qu'ils me verront, les criminels vont arrêter de faire le mal, enchérit Pompon.

Il a beau tirer de toutes ses forces, il n'arrive pas à soulever l'haltère. Alors il préfère renoncer.

– OK, je parie qu'il est collé par terre, capitule-t-il.

Une petite chienne passe alors la tête par la fenêtre ouverte. Elle porte un bandeau dans lequel est piquée une fleur.

– Excusez-moi, le lapin et la chatte, demande-t-elle poliment. Est-ce que par hasard vous connaîtriez un dénommé… Capitaine Pompon ?

Pompon reste abasourdi. Puis il se secoue et répond :

– Oui, euh, carrément, oui. Oui, on le connaît, grave !

– Et c'est parti, soupire Chloe en roulant les yeux.

La suite des événements ne lui dit rien qui vaille.

– Oh, tant mieux ! se réjouit la petite chienne en pénétrant dans le salon. Je m'appelle Daisy, et il faut absolument que je parle à Capitaine Pompon. C'est à propos d'un pauvre animal sans défense qu'il faudrait sauver !

– Tu veux que... ? s'étrangle Pompon.

Il n'en revient pas : une mission s'offre à lui !

– Oui ! confirme Daisy, les yeux comme des soucoupes. J'ai besoin de Capitaine Pompon pour une...

Elle se penche et chuchote la fin de la phrase.

– ... mission de sauvetage top secret !

Aussitôt, Pompon se dirige vers la chambre de Molly.

– Bon, désolée, mais il faut que j'y aille, dit-il. J'ai été ravi de te rencontrer, euh… Tu t'appelles comment, déjà ?

– Tu ne m'as pas écoutée, c'est clair, réplique la petite chienne, vexée. Je m'appelle Daisy.

– Oui, bon, je vais chercher le gars qui va s'occuper de ton affaire. À plus !

– Hmm… fait Daisy. Bizarre, ce lapin.

– Si tu veux du bizarre, tu vas être servie… lui glisse Chloe en secouant la tête.

Pendant ce temps, dans la chambre de Molly, Pompon enfile son costume de super-héros.

– ÇA VA POMPONNER, les amis ! s'exclame-t-il.

7

Une super-mission pour un super-lapin

Dans une rue de la ville, une pauvre petite lapine sans défense est menacée par trois méchants vraiment pas gentils…

– Au secours ! s'époumone la malheureuse.

Tout à coup, Capitaine Pompon surgit.

– Alors comme ça, on a un petit creux ? ricane-t-il en dégainant deux carottes grâce auxquelles il envoie valser les méchants.

Puis il pousse un cri de triomphe (« *YAAAAAH !* ») à l'instant où le troisième méchant percute un mur.

– Oh, Capitaine Pompon ! s'extasie la lapine.

Elle est déjà folle d'amour pour son sauveur.

Capitaine Pompon prend une pose de super-héros et s'écrie de nouveau :

– *YAAAAAH !*

Au salon, Daisy et Chloe entendent les cris de Pompon. Chloe lève les yeux au ciel. Son ami est encore en train de se changer et de s'inventer une histoire avec cette pauvre petite lapine…

– Tu es sûre qu'il va bien ? s'inquiète Daisy en se tournant vers la chambre.

– Oh, non ! lui répond Chloe. Je suis plutôt sûre du contraire…

Et voilà soudain Pompon qui déboule dans le salon. Il porte son costume de Capitaine Pompon.

– Bien le bonjour, citoyens ! lance-t-il de sa plus belle voix de super-héros.

– C'est qui, lui ? s'étrangle Daisy.

– Je suis Capitaine Pompon ! révèle le héros, les poings sur les hanches. Je me suis laissé dire que l'une de vous avait besoin d'aide ?

Soudain tout excitée, Daisy se désigne d'une patte et dit :

– Oh, oui, c'est moi, ça !

– Ah, très bien, approuve Capitaine Pompon. Mademoiselle, expliquez-moi votre histoire.

– Alors voilà, tout a commencé quand je rentrais de Chine, à bord de ce que les humains appellent un *avion*…

L'histoire s'annonce longue…

– Pendant le voyage, j'ai réussi à m'échapper de ma cage avec un autre groupe d'animaux, histoire de se faire une petite partie de cartes ! J'étais en train de m'amuser comme une folle, quand j'ai entendu une espèce de grattement. J'ai cherché d'où il pouvait venir, et j'ai découvert, dans le recoin le plus sombre de la soute, une énorme cage recouverte d'une bâche. Sur cette bâche, il y avait une inscription : CIRQUE DE SERGEI – RIGOLADE ASSURÉE. La cage tremblait. En soulevant la bâche, dans la pénombre, j'ai alors vu deux grands yeux bleus effrayés. Je me suis approchée, et là, j'ai découvert deux pattes entravées et une chaîne passée autour du cou d'un animal… C'était un jeune tigre blanc terrorisé.

Chloe et Pompon écoutent l'histoire que leur raconte Daisy.

– Ce tigre s'appelait Hu. Il n'était encore qu'un bébé, il était retenu contre sa volonté !

– La vache, souffle Pompon.

– In-croy-able… fait Chloe.

– Carrément, enchérit Pompon.

– Non, réplique Chloe. Je veux dire que je ne crois pas un mot de tout ça. Ne le prends pas mal, Daisy. Ou prends-le mal, si tu veux. Moi, ça me va.

– Dans ce cas, je vais le prendre mal, peste Daisy. Très mal, même, car tout ce que j'ai dit est vrai ! Et la suite est PIRE.

Quand l'avion s'était posé à New York, Daisy avait retrouvé sa maîtresse. Mais, du coin de l'œil, elle avait repéré la cage de Hu. Des clowns étaient occupés à la charger dans un vieux camion tout défoncé. Camion à côté duquel se tenait Sergei, un homme à la mine sinistre, vêtu d'un manteau de fourrure, en train de crier :

– Vous, faire effort, à la fin ! Avec muscles de clowns, ça prendre des heures ! Dépêchez-vous !

Hu allait intégrer le cirque de Sergei. Or, d'après Daisy, cet homme était le plus maléfique de tous les propriétaires de cirque !

– Ce tigre a besoin de Capitaine Pompon ! affirme Daisy, son récit terminé.

Pour Pompon, la décision est prise :

– Daisy, déclare-t-il, allons-y !

– Hourra ! se réjouit la chienne.

Pompon et Daisy se ruent vers la fenêtre ouverte donnant sur l'échelle de secours.

– Allons libérer ce tigre ! rugit Pompon.

– Au péril de notre vie ! ajoute Daisy.

Pompon se tourne alors vers elle, la mine hésitante :

– Oui, euh… bredouille-t-il. Enfin, je…

– C'est une possibilité, observe la chienne.

– Euh… blêmit Pompon.

Il n'est pas sûr de vouloir mourir pour un tigre qu'il ne connaît même pas.

– En tout cas, pour toi, il y a le risque, insiste Daisy.

– Comment ça ? tremble Pompon.

– C'est toi qui portes le costume voyant. Tout le monde n'aura d'yeux que pour toi. Moi, je ne crains rien.

8
Les joies de la ferme

Ce même soir, Max, Duke et Liam dorment à poings (et pattes) fermés dans la voiture.

– Hé, les gars ! leur lance Chuck. On est arrivés !

– Youpi ! glapit Katie.

Max et Duke se rassoient sur la banquette et regardent par les vitres du véhicule. Ils découvrent une jolie ferme entourée de champs et de bois, avec une grange.

COT-COOOT !

Une poule bondit devant la vitre de Max. Le petit chien sursaute et recule.

Katie descend et sort Liam de son siège enfant. Un fermier – le portrait craché de Chuck, mais en plus vieux – se présente sur le porche de la ferme.

– Holà ! s'écrie-t-il d'une voix guillerette.

– C'est Tonton Barnabé ! révèle Chuck avec un grand sourire.

– Bienvenue à la ferme ! enchaîne Tonton Barnabé. Il est où, mon petit bonhomme ?

Et il tend les bras à Katie qui s'avance en portant Liam.

Max descend lentement de la banquette, en veillant à ne pas érafler sa collerette. Il n'a jamais mis les pattes dans un endroit pareil, et il ne sait pas encore si cette ferme va lui plaire. Tout est si différent de New York ! Il aperçoit des bêtes, des tracteurs…

– Ça alors… s'extasie Duke en descendant à son tour. Regarde-moi ces merveilles !

– Moui… fait Max. C'est très…

– Et toutes ces odeurs inconnues ! le coupe son ami. Je ne sais plus où donner de la truffe ! Viens, Max, allons explorer les lieux !

Et, aussitôt, Duke s'élance en humant l'air.

– Hé… attends-moi, le rappelle Max en lui courant après.

Il le rattrape alors que le gros toutou salue une vache en train de brouter.

– Ohé, la vache ! crie Duke. *Meeeeuh !*

La vache se tourne vers lui, sans cesser de mastiquer.

– Tu es une vache, insiste le chien. Tu es censée faire *meuh*…

– Ouaf ! Ouaf ! lui répond la vache.

– Hein ? s'étouffe Duke.

– Oh, regardez-moi, je suis un chien ! ironise la vache. Et j'agite ma queue comme un idiot !

Là, elle tire la langue et se met à haleter comme un chien.

– Rôôô, ça va, pas la peine d'être désobligeante… s'indigne Duke.

– Dis, tu veux bien lancer une balle ? continue la vache. Oh, je t'en supplie, lance-moi une balle, que je coure la chercher avec le pois chiche qui me sert de cerveau !

– C'est bon, j'ai compris, pas la peine d'en rajouter, râle Duke.

Mais la vache n'a pas fini de se moquer des chiens.

– Regardez, je fais pipi contre un arbre ! Maintenant, cet arbre est à moi !

– OK, je m'en vais, décide Duke en tournant les talons.

– Si c'est ça, lui réplique la vache, alors moi, je vais rester à regarder fixement la porte jusqu'à ton retour.

Max emboîte le pas à son ami.

– C'est de la folie, cet endroit, déclare-t-il.

– Parfait pour toi, alors, mon foufou ! lui réplique Duke.

BOUM ! Une énorme dinde tape de la patte par terre. Elle griffe le sol, tel un taureau qui s'apprête à charger.

– Qu'est-ce qui se passe ? s'inquiète Max quand la dinde s'élance vers Duke et lui. AAAAAH !

Il prend ses pattes à son cou.

– Non, non, non, non, non !

Mais la dinde le prend en chasse.

– Non, non, non, non, non ! répète le petit chien en s'efforçant d'échapper au monstre.

Hélas, la dinde gagne du terrain.

– DUKE ! s'égosille Max. Mais qu'est-ce que j'ai fait de mal, enfin ?!

Max et la dinde doublent un camion en panne. Dans la cabine, un bon gros toutou de ferme prénommé Rico les regarde passer. Rico porte un bandana rouge autour du cou.

Quand il a observé ce petit manège quelques instants, il passe la tête à l'extérieur de la cabine et lance un puissant : « OUAF ! »

9
Rico

Sitôt que Rico a aboyé, la dinde se fige. Tous les animaux de la ferme s'immobilisent. Quand Rico aboie, on l'écoute !

– Euh ? bredouille Max, surpris par la tournure des événements.

La dinde s'éloigne, l'air renfrogné. Max se tourne vers l'épave de camion, mais Rico s'est déjà rallongé, sa mission accomplie.

– Ça alors ! lance Duke, impressionné par l'autorité de Rico. Quel toutou !

DING-DING ! DING-DING !

Tonton Barnabé sonne l'heure du dîner.

– À table ! s'écrie-t-il.

Duke et Max n'ont pas besoin qu'on le leur dise deux fois !

Pendant ce temps-là, à New York, une musique relaxante flotte dans l'appartement de Chloe, où la lumière est tamisée. Gidget s'introduit en douce par une fenêtre ouverte.

– Chloe ! chuchote-t-elle. J'ai besoin de toi ! Chloe !

Gidget avance sur la pointe des pattes. Elle repère Chloe, assise sur un canapé, un abat-jour sur la tête. La chatte ronronne.

– Oh… fait Gidget, surprise. Chloe… Tout va bien ?

– Chuuut, siffle la chatte.

– Désolée, s'excuse Gidget. Juste, petite question : l'abat-jour, tu peux m'expliquer ?

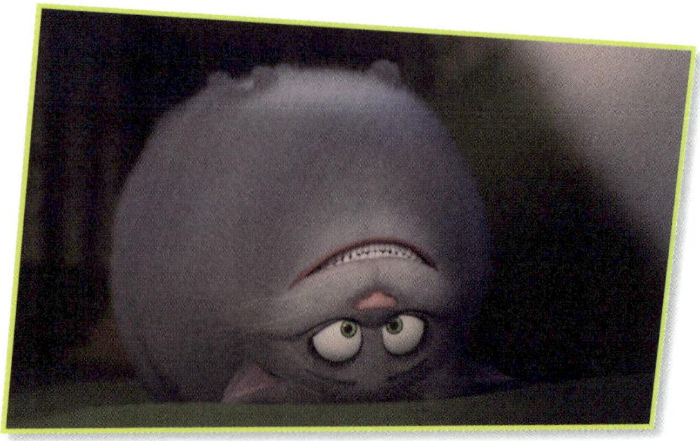

– Hé, hé, pouffe Chloe. Écoute, ma belle, on ne va pas se mentir : ma maîtresse m'a donné un peu d'herbe-aux-chats.

Sans être experte en la matière, Gidget devine que cette herbe doit particulièrement détendre les chats.

– Ah, d'accord, enchaîne-t-elle. Eh bien, c'est super. Mais bon, voilà…

– C'est super, je confirme, la coupe Chloe. Tout est suuuuuper.

– Excellent, s'impatiente Gidget.

Elle a un problème urgent à régler : Chloe doit l'aider à récupérer Bizz Abeille.

– Tu entends ça ? lui demande soudain la chatte.

– Quoi ? s'étonne Gidget en tendant l'oreille.

– Ce minuscule brrrruit de moteurrr.

– Un minuscule moteur, tu dis ? répète Gidget. Alors là je suis perdue…

Mais tout à coup, elle comprend.

– Mais Chloe, c'est ton ronronnement que tu entends !

– Mon ronronnement ? s'étonne la chatte. Ce bruit provient de moi ?

– Carrément, lui assure Gidget.

– Ça alors… Je me demande quels autres bruits j'arrive à faire.

Chloe glousse, puis produit un drôle de son : « MIAARRRÔÔÔAAR ».

Gidget tente de reprendre le fil de la discussion :

– Tu vois, Max m'a confié sa Bizz Abeille, mais ensuite…

– MMMRRIIIP !

– Chloe ! s'exaspère Gidget. Tu veux bien m'écouter, oui ?

– MMRROOOUP !

– Arrête, s'il te plaît.

– MMMRROP-ABOP-ADOP !

– C'est bon, tu as fini ?

– MIIIP.

Gidget se cale truffe à truffe avec Chloe.

– C'est important, là ! J'ai perdu Bizz Abeille. Je dois la retrouver. Mais pour ça, il faudrait que tu m'apprennes…

Gidget baisse la voix, comme si Chloe et elle étaient deux comploteuses.

– … à être un chat !

À la ferme, le soleil va bientôt se coucher. Chuck, Katie et Tonton Barnabé dînent dehors. Tonton Barnabé a préparé tout plein de bonnes choses issues de sa ferme. Liam, lui, joue dans son parc,

sous la surveillance de Max. Le petit chien est persuadé que la ferme regorge de dangers pour l'enfant. Pas question de le quitter des yeux !

Pendant ce temps, Duke chasse les lucioles.

– Hé, Max ! lance-t-il à son ami. Viens m'aider !

– Désolé, mon vieux, mais je crois que Liam préfère m'avoir près de lui, répond Max. Il n'est pas bien rassuré, dans ce drôle d'endroit.

Duke se tourne vers Liam. Le petit joue avec ses jouets, l'air le plus ravi au monde.

– T'inquiète pas pour lui… suggère Duke.

– D'accord, finit par céder Max. Mais juste une luciole, alors.

Aussitôt, il bondit la gueule ouverte, et claque des mâchoires.

– Victoire ! triomphe-t-il. Je… AAAARGH !

Le petit chien tire la langue. Elle est couverte d'une espèce de bave de luciole verte. Max repère une gamelle d'eau et court aussitôt s'y laver la langue.

Hélas, Rico surgit devant lui.

– Aaah ! s'écrie Max, avant de reconnaître le gros toutou qui l'a sauvé quand une dinde le pourchassait. Oh ! Bonsoir, ajoute-t-il.

– Un chien possède deux choses dans ce monde, gronde Rico. Sa gamelle, et sa dignité.

– Je, euh, je ne savais pas que c'était ta gamelle, se défend Max.

– C'est ta collerette qui t'empêche de lire ? Il y a mon nom marqué sur la gamelle.

Rico fait pivoter la gamelle. De l'autre côté, une illustration représente un coq.

– On est vraiment désolés, monsieur Poulet, s'immisce Duke.

Rico lui décoche un regard noir.

– Je ne m'appelle pas Poulet ! grogne-t-il. Tu trouves que j'ai une tête de poulet ?

– Non, répond Max, penaud. Pas du tout.

– Carrément pas, même, enchérit Duke.

– Je m'appelle Rico.

– Ah, d'accord. Ben, moi, c'est Max, et lui…

– Hé, le coupe Rico en désignant Liam d'un mouvement de la tête. Que fait-il dans une cage, ce bambin ? Il est malade ? Il a de la fièvre ?

– C'est Liam, révèle Max. Il aime bien courir partout.

– Il n'y a qu'à le laisser courir, dans ce cas, déclare Rico.

– Attention, il est très rapide. Tu fermes l'œil une seconde, et il a déjà grimpé à un arbre.

– Ton humain se retrouve dans un arbre, et alors ? enchaîne Rico. Où est le problème ?

– Ben… fait Max, pour qui le problème est évident. Il risque de tomber !

– Possible, convient Rico.

Mais il ne semble toujours pas comprendre.

– Et il peut se faire mal, insiste Max.

– Ah, mais c'est qu'il a grimpé très haut, alors, ironise Rico.

– Je, euh… souffle Max, frustré.

– C'est en se faisant mal que ce petit apprendra le danger, philosophe Rico. Tu sais combien de fils électriques j'ai mâchouillés, dans ma vie ?

Max n'en a pas la moindre idée.

– Un seul, affirme Rico. Ça m'a secoué. J'ai marché à reculons pendant une semaine, après ça. Et plus jamais je n'ai mordu dans un fil électrique.

Max secoue la tête.

– Tant mieux pour toi, affirme-t-il. Et, euh… Ça explique pas mal de choses. Mais moi, je préfère quand même protéger Liam de tous les dangers.

– Eh bien, vois-tu, c'est là que tu te trompes, lui réplique Rico.

Et, sans un mot de plus, il s'en va.

10
À l'attaque !

– Non mais tu le crois, toi ? s'indigne Max en se tournant vers Duke. Ce toutou ose prétendre que je me trompe !

– Plutôt cool, le mec, s'enthousiasme Duke.

– Sûrement pas ! le recadre son ami.

– Sûrement pas ! répète Duke pour ne pas froisser Max. C'est ce que je voulais dire !

Pendant que Tonton Barnabé et Katie débarrassent la table, Chuck récupère Liam dans son parc et rentre avec lui dans la maison. Il commence à faire noir.

– Suis-moi, dit Duke à Max.

Et voilà les deux chiens qui se dirigent vers la porte de la maison.

– Holà, les interpelle d'une voix amicale le Tonton Barnabé. Chez moi, les chiens dorment dehors.

– Euh, pardon ? s'étonne Max.

– De quoi ? fait Duke.

Les deux amis ont l'habitude de dormir dans l'appartement, avec Katie, Chuck et Liam. Et il faudrait qu'ils passent la nuit dehors ?

– Minute, minute, minute, ajoute Max. analysons la chose de façon rationnelle…

VLAN ! La porte d'entrée se ferme.

– Oh, s'étouffe Max.

Capitaine Pompon est juché sur un tricycle en plastique rose équipé d'une grosse roue à l'avant et de deux petites à l'arrière. Le super-héros pénètre dans l'enceinte d'un cirque. Il met patte à terre et tente de reprendre son souffle. C'est qu'il a pédalé comme un dingue. Installée à l'arrière du tricycle, Daisy en descend à son tour.

– Parfait, halète le lapin. On est dans la place. Et en un temps record, grâce à ma Bunnymobile.

– Excellent ! se réjouit Daisy.

Pompon repère alors un carton, sous lequel il va dissimuler la Bunnymobile.

– En mode discret, explique-t-il. Suis-moi !

Mais tandis que Daisy trottine sans bruit sous une bannière qui proclame TOUT LE MONDE S'AMUSE AU CIRQUE DE SERGEI, Pompon, lui, évolue dans l'ombre. Et le lapin bute contre une foule d'obstacle, trébuche, roule sur lui-même… Bravo pour la discrétion !

Les deux complices cherchent des indices, ou des détails, qui indiqueraient où est retenu le tigre blanc quand, tout à coup, Pompon se retrouve truffe à nez avec un grand clown effrayant.

– AAAAH ! s'égosille le lapin.

Mais à y regarder de plus près, le monstre n'est en réalité qu'une poubelle en forme de clown.

– Un rien t'effraie, remarque Daisy.

Pompon reprend son calme et déclare :

– Je voulais dire : « Aaaah, c'est trop cool ! » ou « Aaaah, regarde ce bidule qui ne me fiche absolument pas la trouille. »

Puis il montre un emballage de bonbon qui traîne par terre et ajoute :

– Ou encore, « Aaaah, un emballage de bonbon ». C'est juste une expression que j'aime bien employer.

– Toi, bouger, stupide tigre ! gronde non loin de là, Sergei.

CLAC !

Daisy et Pompon ont entendu un coup de fouet, suivi par les gémissements d'un félin apeuré.

– Il est là ! murmure Daisy. Allons-y !

Les deux sauveteurs se glissent sous un chapiteau et se cachent sous les gradins.

– Nous pas avoir toute la nuit ! s'impatiente Sergei.

Pompon et Daisy découvrent alors Hu perché sur un immense plongeoir à côté de Sergei. En dessous, une toute petite bassine d'eau.

– Toi faire perdre temps à Sergei ! tonne… Sergei lui-même.

Et il fait de nouveau claquer son fouet. Terrorisé, Hu se recroqueville sur lui-même.

Horrifiée, Daisy souffle à Pompon :

– Nous devons intervenir !

PLOUF !

Hu est tombé dans la minuscule bassine !

– Suis-moi ! décide Capitaine Pompon.

Un quart d'heure plus tard, Hu est enfermé dans sa cage, devant le chapiteau. Cinq loups montent la garde. Tous ont une chaîne au cou, reliée à un piquet.

– Nous ressayer demain, annonce Sergei. Si tigre pas obéir, Sergei transformer tigre en tapis !

Puis il s'adresse aux loups :

– Vous pas perdre de vue tigre.

Sur ce, il suspend un trousseau de clés à un crochet et s'éloigne.

Hu se recroqueville sur lui-même. Pompon et Daisy accourent auprès de lui.

– Tout va bien, Hu, le rassure la chienne. C'est moi, Daisy. On s'est rencontrés dans l'avion, tu te souviens ?

Le tigre ouvre de grands yeux étonnés. Il passe le museau entre les barreaux pour caresser Daisy. Il est si heureux de la revoir !

– HÉ ! hurle un loup. Éloignez-vous du tigre !

– MÊLE-TOI DE TES AFFAIRES, LOUP ! vocifère Daisy, tandis que le reste de la troupe se met en ordre de bataille.

La chienne repère le trousseau de clés, juste derrière les monstres.

– Ooooh, fait-elle, ravie d'avoir trouvé la… clé du problème !

Aussitôt, elle s'élance entre les loups. Elle bondit sur le dos de l'un, puis saute sur les suivants qui tentent de la mordre, sans succès. Leurs chaînes s'entortillent.

Pendant ce temps, Pompon essaie de soulever un gros marteau pour fracasser la cage de Hu. Hélas, le marteau est trop lourd pour lui.

– AAAAH ! s'écrie-t-il en tombant à la renverse.

À force de tirer sur sa chaîne, l'un des loups parvient à arracher le piquet qui le retient.

– Oups… glapit le lapin en voyant le loup libéré. AAAAAAH !

Et il s'enfuit, pourchassé par le loup, sa chaîne et son piquet.

Les quatre autres loups continuent de menacer Daisy, mais celle-ci réussit à éviter leurs longs crocs acérés.

– Ha, ha ! triomphe-t-elle.

Hélas, elle ne parvient pas à atteindre le trousseau, un peu trop haut pour elle.

Le loup libéré pourchasse Pompon à travers l'allée des attractions foraines. Tout à coup, le lapin a une idée : il se cache parmi les peluches à gagner. Il se croit en sécurité, jusqu'à ce que…

GRRR ! Le loup surgit et tente de mordre Pompon. Celui-ci l'évite de justesse. Dans la foulée, il s'empare d'un pistolet à eau et asperge son agresseur en pleine face. Et la course-poursuite reprend de plus belle.

– Je vais mourir, je vais mourir, je vais mourir… panique Pompon.

11
La chattitude

Pompon court comme un fou et zigzague entre les wagonnets d'un manège. Le loup bondit, la gueule grande ouverte, les crocs prêts à croquer. Le lapin ferme les yeux, redoute le pire… mais la chaîne du monstre s'accroche à un wagonnet. Il est coincé ! Une barre de sécurité s'abaisse sur le loup et l'enferme dans le wagonnet. Quelqu'un a forcément appuyé sur un bouton dans la cabine de contrôle, pour activer la barre. Et cette personne déclenche à présent l'attraction. Le loup est entraîné sur les montagnes russes !

Pompon rouvre les yeux et aperçoit Daisy dans la cabine. C'est elle !

– Hein ? s'étouffe-t-il.

La chienne tient un trousseau de clés dans sa gueule.

– Ch'ai les kés ! annonce-t-elle la gueule pleine. On fonche !

– Hein ? s'étrangle encore Pompon, qui n'a rien compris.

Alors Daisy crache le trousseau, appuie sur un bouton et parle dans un micro. Sa voix ressort amplifiée par un haut-parleur :

– JE DIS QUE J'AI LES CLÉS ! VIENS ! ON FONCE !

Aussitôt, la chienne ressort de la cabine.

– Parfait, approuve Pompon en lui emboîtant le pas.

Les deux complices retournent libérer Hu. Le petit tigre sourit, ravi de retrouver son amie Daisy. Pompon et elle se tapent dans les pattes pour célébrer leur triomphe. Après quoi ils repartent avec le tigre, laissant les loups et leurs chaînes emberlificotées.

– Vous savez ce que j'ai appris, aujourd'hui ? demande Daisy. Que les loups sont des gros crétins.

Les quatre loups prisonniers grognent de fureur.

Pendant ce temps, à la campagne, Duke dort à pattes fermées sur le porche de la ferme. Max, lui, n'arrive pas à fermer l'œil. Il stresse pour Liam.

– Duke, chuchote le petit chien. *Psst,* Duke ! Je crois qu'on devrait aller jeter un œil sur Liam.

Il attend une réponse, puis reprend :

– Duke !

Mais celui-ci se contente de marmonner dans son sommeil :

– Ah, ma queue… cette fois, je te tiens…

N'arrivant pas à réveiller son ami, Max part à l'aventure, tout seul, dans le noir. Il descend du porche, enfonce ses pattes dans l'herbe humide, et fait le tour de la maison. Il se dresse devant une fenêtre. Pas de Liam dans cette pièce. Il tente sa chance à la fenêtre voisine : victoire ! Liam dort comme un bébé, sourire aux lèvres.

Max sourit, lui aussi. Si Liam est heureux, Max est heureux. Encore que… il préférerait être à l'intérieur, auprès du petit. Il regagne le porche.

CUI ! CUI !

– C'était quoi, ça ? angoisse Max.

Il se retourne et avise un petit oiseau.

CRÔA !

Max se fige. Il aperçoit un gros corbeau, perché sur une branche.

– OK, OK… tente-t-il de se calmer.

Il fait un pas en avant, mais…

CRÔA ! CRIIIC !

– Hein ? s'écrie Max.

Il cherche l'origine de ces cris nocturnes. Et soudain, les bruits s'abattent sur lui ! Un raton laveur qui grogne. Un cerf qui brame. Un grillon qui craquette. Duke qui ronfle. Un écureuil qui grignote. Une dinde qui glougloute. Une vache qui pète. Un coyote qui hurle.

– AAAAH ! s'écrie Max.

Lui qui trouvait la ville bruyante ! New York n'est rien, comparée à cette ferme, la nuit…

Tout à coup, une sensation étrange l'envahit… comme si on l'observait. Il se tourne vers les buissons derrière lui. Quelque chose a bougé ! Il s'éloigne de quelque pas, puis regarde de nouveau. Rien. Mais lorsqu'il se retourne, il découvre… UN RENARD !

– Aaaah ! Attends voir, minute, non ! Je t'en supplie ! l'implore Max. Ne me mange pas, tu ne te régaleras pas. Je n'ai que la peau sur les os !

Le renard s'approche. Max recule.

– Non, non, non, non, non, répète le petit chien.

Le renard fléchit les pattes, prêt à bondir. Max ferme les yeux.

– Alors tout va se terminer comme ça ? frémit-il.

OUAF ! Dans un aboiement puissant, Rico jaillit de l'obscurité et fond sur le renard. Il le chasse à travers les herbes épaisses, et le renard disparaît dans la nuit.

Rico revient ensuite auprès de Max. Il recrache une touffe de poils roux, et lance à Max un regard froid et agacé.

– Euh, merci, prononce, tout penaud, le petit chien. Il m'a pris par surprise. Sans doute à cause de ma collerette.

– Tu n'as qu'à t'en débarrasser, lui propose Rico.

– Pardon ?

– Arrache-la.

– Je voudrais bien… confirme Max, mais mon vétérinaire affirme que j'en ai besoin.

Rico grimace comme s'il percevait une mauvaise odeur.

– Ah, d'accord, dit-il. C'est logique.

En réalité, il ne trouve rien de logique dans ce que vient de déclarer Max.

Mais ce dernier croit qu'il le soutient.

– Voilà, enchaîne-t-il. C'est un truc médical. Les docteurs…

Max n'a pas le temps d'achever sa phrase que Rico se jette sur lui.

– AAAAH ! s'époumone le petit chien.

Rico lui arrache son cône et le jette par terre.

– Voilà, ironise le gros toutou. Tu es guéri. Félicitations.

Et il s'en va en souriant.

Max le regarde s'éloigner. Il n'en revient pas que ce personnage lui ait enlevé sa collerette sans même demander la permission.

– Non, franchement, la ferme, je ne suis pas fan, grommelle-t-il à part.

De son côté, Chloe enfile une chaussette sur la queue de Gidget en prononçant « Queue… » Puis elle dispose un serre-tête en forme d'oreilles de chat sur le crâne de la petite chienne et dit : « Oreilles… »

Ainsi grimée, Gidget reste immobile. Mel, Buddy et P'tit Chou (une petite perruche) inspectent son nouveau look félin.

– Tu ressembles vraiment à un chat, c'est incroyable ! s'enthousiasme Mel.

– Ouais ! s'extasie Gidget. C'est cool, non ? Trop facile !

– Hop, hop, hop, une seconde, l'interrompt Chloe en levant une patte. Il faut que tu apprennes à *agir* en chat.

– D'accord, approuve Gidget.

Son serre-tête se déplace légèrement quand elle acquiesce, alors elle le redresse.

Chloe tourne en rond comme un sergent instructeur face à des nouvelles recrues.

– Je vais te présenter certaines situations, annonce-t-elle à Gidget, et tu vas devoir réagir en chat.

– D’accord, accepte la chienne.

Chloe envoie aussitôt une ba-balle rouler à travers le salon.

– VA CHERCHER !

– OUAIS ! s’écrie Mel.

– Je vais l’attraper ! enchérit Buddy.

Les deux amis s’élancent après la balle.

Gidget ne tient pas en place, elle meurt d’envie d’imiter les deux mâles. Mais Chloe l’en empêche. Pour Gidget, c’est un supplice… elle a presque le goût de la ba-balle sur la langue.

– Gidget, pas bouger, ordonne la chatte.

– Mais…

– Non ! aboie Chloe. « Aller chercher », c’est pour les débiles !

Mel, lui, pourchasse en gloussant la balle sous les fauteuils et le canapé.

– Tu es au-dessus de ça, explique Chloe. Tu es un chat.

– Exact, convient Gidget. Je suis un chat.

Cinq minutes plus tard, Gidget, Mel et Buddy sont en rang, côte à côte, sur une étagère. Chloe passe derrière eux, et jette les deux mâles dans le vide.

– Aaaah ! s’étrangle Mel.

– Mais pourquoi ? s’égosille Buddy.

BOUM ! Ils s’écrasent lamentablement par terre.

– Tu vois ? dit Chloe à Gidget. Les chiens retombent comme les gros lourdauds qu'ils sont. Les chats, eux, retombent sur leurs pattes.

– C'est vrai ? s'étonne Gidget. Mais comment est-ce qu'ils f…

Dans la seconde, Chloe la pousse à son tour du haut de l'étagère.

– AAAAH ! hurle la chienne dans sa chute.

Mais elle parvient malgré tout à retomber sur ses pattes.

– Ouais ! J'ai réussi ! s'exclame-t-elle.

Mel et Buddy, toujours contorsionnés par terre, agitent la queue en signe d'appréciation.

– Bien joué, commente Mel.

Chloe entraîne ensuite les trois chiens jusqu'à sa litière – sa *maison de toilette.* Mel bondit à l'intérieur et

se met à fouiller le contenu. Chloe désigne la litière d'une patte et invite Gidget à s'en servir.

– Obligé, lui assure-t-elle. Ça fait partie de la vie.

– Certainement pas, refuse la petite chienne. Il n'en est pas question !

Mais soudain, Mel passe la tête hors de la maison de toilette et lance :

– Hé ! J'ai trouvé des croquettes !

– Oh, Mel… peste Buddy, dégoûté.

Pour la leçon suivante, Chloe demande à Gidget de se tenir à côté de P'tit Chou.

– Gidget, avale P'tit Chou.

– Quoi ? grimace la chienne.

– Les chats mangent les oiseaux, se contente de préciser la chatte.

– Dans ce cas, je passe mon tour, affirme Gidget.

– Impossible, lui rétorque Chloe. Tu as passé ton tour pour la litière, tu n'as plus le choix.

– Mais…

– Mais-mais-mais-mais-mais-mais-mais : FAIS-LE ! ordonne Chloe.

12
Une maison pour Hu

– Tu vas vraiment lui faire croquer P'tit Chou, Chloe ? s'inquiète Buddy.

– Non, bien sûr que non, le rassure discrètement la chatte. Je cherche juste à lui faire peur.

– C'est bon, annonce Gidget, la gueule pleine.

Une plume verte dépasse de ses babines.

– On fait quoi, après ? réclame-t-elle.

– Gidget, NON ! la gronde Chloe. Vilain chien ! Vilain chien-chat !

Gidget rouvre la gueule et P'tit Chou en ressort, indemne. Et la perruche en profite pour donner un coup de bec à la chienne.

– Baaaaah, fait celle-ci en recrachant des plumes. Désolée…

Mais P'tit Chou n'est pas d'humeur à accepter ses excuses.

L'ultime épreuve consiste à agacer un humain pendant que celui-ci travaille à son ordinateur. L'humain en question se compose d'un coussin, d'une paire de lunettes de soleil et d'un chapeau. Le tout installé devant un ordinateur allumé. Perchée sur l'appui de la fenêtre, Chloe donne les instructions sous les regards de Mel et de Buddy :

– Saut !

Gidget bondit sur le bureau avec quelques difficultés ; la cible est haute, pour un petit loulou comme elle…

– Queue dans la face, ordonne Chloe.

Gidget va coller sa queue dans la figure du faux humain assis devant l'ordinateur.

– Très bien, approuve son instructrice. Fesses sur la tasse.

Gidget frotte son derrière sur la fausse tasse à café posée sur le bureau.

– Pattes sur le clavier, enchaîne Chloe.

Gidget s'exécute et tambourine des quatre pattes sur le clavier.

– Oui, voilà ! la félicite Chloe. Café sur l'ordinateur.

Gidget renverse la tasse sur le clavier.

– Et… saut ! conclut Chloe.

Gidget redescend du bureau, son œuvre de destruction accomplie.

– Joli… commente Buddy.

Chloe elle-même exulte, pour une fois.

– Oui, excellent, confirme-t-elle. Pour un chien, tu fais *très bien* le chat.

Gidget sourit, ses yeux pétillent de détermination : elle est prête à aller récupérer Bizz Abeille.

– Trop fort, s'extasie Mel. Tu peux me transformer en chinchilla, dis, Chloe ?

Capitaine Pompon se pavane dans une rue sombre de New York. Il est très fier d'avoir arraché Hu des griffes de Sergei. Daisy trottine à son côté.

– Première mission accomplie ! triomphe le lapin. Les pattes dans la truffe, en plus. Trop facile ? Possible…

Hu, lui, bondit sur les toits et les capots des voitures. Soudain, Pompon lance à un chien au passage :

– Hé, grand toutou ! Tu connais la nouvelle ? J'ai sauvé un tigre ! Je ne dis pas ça pour me vanter, hein, c'est juste la vérité… Que veux-tu : quand on déchire, on déchire !

Daisy roule les yeux et commente :

– Préviens-moi quand tu auras fini de frimer, hein… On doit encore trouver un abri pour Hu.

Pompon est tellement fier de son exploit qu'il en a oublié Hu.

– De quoi ? réplique-t-il. Qu'est-ce que tu racontes ?

Daisy désigne d'une patte le tigre qui joue avec un pare-chocs de voiture.

– Ah oui, se rappelle Pompon. Je sais ! J'ai un ami dont le maître est toujours absent. On n'a qu'à conduire Hu chez lui !

– Génial, ton plan ! sourit Daisy.

– Super-pouvoirs de lapinou ACTIVÉS ! s'écrie Pompon en prenant ses pattes à son cou.

Le lendemain matin, Pompon, Daisy et Hu grimpent à l'escalier de secours de l'immeuble, où vit Papy. Papy est un vieux basset dont les pattes arrière ne marchent plus. Il est obligé de se déplacer à bord d'un chariot à roulettes, mais ça ne l'empêche pas de sillonner New York, s'il le faut.

Le lapin, la chienne et le tigre se présentent devant la fenêtre de son appartement.

– Hu, tu vas m'attendre ici, indique Pompon au tigre.

Puis il se tourne vers à Daisy.

– C'est moi qui parlerai, d'accord ?

Sur ce, il affiche son plus beau sourire et pénètre dans l'appartement.

Papy s'adresse à un groupe de chiots et un chaton.

– Je suis un chiot bien gentil, scande-t-il. J'ai droit à plein de biscuits ! Hep ! Hep ! Hep ! Hep ! Hep !

– Salut, Papy ! le salue Pompon.

Le vieux basset lève la tête, l'air interloqué.

– Qui… Qui est là ? demande-t-il.

Ses élèves et lui se tournent et découvrent Pompon.

– Lapinou ! Lapinou ! trépignent les chiots avant de se précipiter vers Pompon.

– Oh, euh… AAAAH ! s'écrie ce dernier tandis que les petits se jettent sur lui. Je suis un héros ! Un peu de respect, les jeunes !

– Du calme, du calme ! intervient Papy.

Les petits courent aussitôt se mettre en rang, comme des soldats.

– L'école des chiots de Papy va commencer, indique Papy.

– L'école des chiots de Papy ? s'étonne Pompon.

– Et tout d'abord, le serment ! enchaîne Papy. Je m'engage…

– Je m'engage… répètent en chœur les petits.

– … à bien écouter Papy… poursuit le vieux basset.

– … à bien écouter Papy…

– … à apprendre à être adorable, tout mignon et gentil…

– … à apprendre à être adorable, tout mignon et gentil…

– … afin d'obtenir ce que je veux, quand je le veux !

– … afin d'obtenir ce que je veux, quand je le veux !

– Parfait ! approuve Papy. Et maintenant, un contrôle !

Il adresse un signe de tête à son assistant, un hamster prénommé Myron.

– Myron a caché des chaussettes dans cette pièce. Question : que fait-on avec les chaussettes des humains ?

Une toute petite chienne du nom de Princesse s'avance et réclame à être interrogée :

– Moi, moi ! Moi je sais, monsieur, moi !

– Je t'écoute, Princesse, lui sourit Papy.

– On les cache, monsieur Papy, affirme la petite.

– Exactissime ! approuve le basset. Et pourquoi les cachons-nous ?

– Parce que perdre leurs chaussettes rend fous les humains, déclare Princesse.

C'est une formule apprise par cœur, que Papy a fait mémoriser à tous ses élèves.

– Et comment ! s'esclaffe Papy. À vous de jouer !

Les chiots se déploient dans la pièce, à la recherche des chaussettes cachées par Myron.

Un seul d'entre eux, Titou, préfère aller léchouiller Pompon.

– Hé ! Tout doux ! se défend le lapin. Hé, Papy ! C'est quoi, ce…

Il se penche sur Titou et reprend :

– Bon, ça suffit ! Hé !

Il lève de nouveau les yeux vers Papy et demande :

– Tu m'expliques, là ?

– Mon maître a adopté un nouveau chiot, révèle Papy en désignant Titou, qui ressemble à une version miniature de Papy.

– Je m'appelle Titou ! annonce le nouveau.

– Je lui apprenais à ne pas se faire mener par le bout de la truffe, explique Papy. Et puis la nouvelle s'est répandue et, depuis, des élèves de tout le quartier viennent toquer à ma porte.

À ce moment-là, un autre chiot, Pépin, vient s'adresser à Papy :

– Professeur Papy ?

– Oui, Pépin ?

– J'ai besoin d'aller faire !

– Tu connais la procédure, glousse Papy. Trouve-toi une chaussure !

Daisy observe Papy et ses élèves, un sourire attendri aux babines.

– C'est trop chou…

– En effet, confirme Papy. Et puis, ce sont de bons petits, commence Papy.

Mais soudain il repère Hu qui mâchonne le canapé.

– Nom d'un petit bonhomme ! s'étouffe-t-il. MAIS QU'EST-CE QUE C'EST QUE ÇA ?

13
Sergei n'a pas dit son dernier mot

– Myron ! Corne de brume ! réclame Papy.

Son assistant actionne la corne de brume. *TÛÛÛÛÛT !* Hu fait un bond et plante ses griffes dans le plafond. Il y reste suspendu à l'envers.

CRRRRAC ! BOUM ! Hu s'écrase au sol dans un déluge de plâtre.

– Sortez-moi ce tigre d'ici avant qu'il fasse encore plus de dégâts ! ordonne Papy.

– Mais nous n'avons pas d'autre endroit où le conduire… argumente Pompon.

– En tout cas, il ne peut pas rester chez moi, tranche Papy.

Au même instant, tous les chiots se jettent sur Hu. Et le tigre adore ça !

– Minou ! Minou ! Minou ! Minou ! glapissent les petits.

Papy, lui, n'en croit pas ses yeux.

– Mais qu'est-ce qui vous prend ? Ne vous attachez pas à lui, il va s'en aller !

– Ooooh… se désolent les chiots.

C'est alors que Pépin rejoint la petite troupe.

– Alors, Pépin ? l'interroge Papy. Tu as fait la grosse commission dans une chaussure ?

– Dans une botte ! claironne fièrement le petit. Ton maître ne la découvrira pas avant belle lurette !

Papy, lui, pince les lèvres et renifle.

– Tu pleures ? s'inquiète Daisy.

– De quoi ? Mais non ! C'est TOI qui pleures ! réplique le basset en s'efforçant de dissimuler son émotion. Moi, je suis juste fier de Pépin.

Les chiots se massent autour de Hu et se mettent à gémir, leurs grands yeux pleins de tristesse.

– Monsieur Papy, supplie Princesse, vous voulez bien que le tigre reste avec nous, dites ? S'il vous plaaaît ?

– S'IL VOUS PLAAAÎT ? la soutiennent tous les autres élèves en écarquillant encore plus les yeux.

Hu lui-même ouvre des yeux comme des soucoupes pour faire fléchir Papy.

– Oh et puis zut ! finit par céder le vieux basset. C'est d'accord. Mais juste pour cette nuit !

– OUAIS ! s'exclament les chiots. WOU-HOU !

Papy, lui, secoue la tête.
– Je vous ai trop bien formés, les jeunes.

De son côté, Sergei scrute la cage de Hu. Elle est vide ! L'homme est furieux.

– Moi avoir donné mission à vous, gronde Sergei à l'attention de ses loups. Surveiller tigre blanc ! Et vous échouer ! Moi aurais dû donner travail à singe… Pas vrai, Little Sergei ?

Le singe Little Sergei est perché sur l'épaule de son maître. Il sourit et applaudit à l'idée qu'on lui confie une mission.

– Oui, toi intelligent ! le félicite Sergei.

Deux employés du cirque ramènent alors le loup prisonnier des montagnes russes. Sergei toise l'animal avec mépris.

– Et lui, aussi ! crache-t-il. Toi être pire loup du monde. Moi jurer que…

Mais soudain, un loup renifle une fleur qui traîne par terre. Sergei la ramasse. C'est celle qui était piquée dans le bandeau de Daisy…

– Ça être quoi ? demande Sergei en humant la fleur. Ça venir de voleur tigre ?

Il tend la fleur aux loups.

– Vous sentir !

Sitôt que Sergei leur passe la fleur devant la truffe, les loups deviennent fous. Sergei leur retire leurs chaînes.

– Vous ramener tigre à moi ! ordonne-t-il. Si vous échouer, vous devenir nouveau manteau pour Little Sergei !

Et il s'en va, tandis que ses bêtes s'élancent sur la piste de Daisy en hurlant « AAARRROOOOU ! »

Au même instant, Duke prend son petit déjeuner sur le porche de la ferme. Non loin de lui, Max surveille Liam.

– Hmm, quel régal, prononce Duke en mâchonnant. Tu devrais goûter, Max.

Liam, lui, montre un livre à Max et réclame :

– Max, lire, lire, lire !

Le petit chien s'approche du livre.

– Ça ne doit pas être bien sorcier, hein ? dit-il à Duke.

Liam ouvre le livre à la première page.

– Une petite fille habillée en rouge se promène dans la forêt, décrit le chien. Elle transporte de la nourriture. Trop bien ! Elle a à manger !

– Hmm, nam-nam ! fait Liam, comme s'il prenait son goûter.

Puis il tourne la page. Le dessin montre la fillette qui s'approche d'un lit. Le visage de la personne couchée reste dans l'ombre.

– Regarde un peu ! s'enthousiasme Max. Elle apporte des provisions à, euh… C'est qui, là ?

– Sa grand-mère, on dirait ! suggère Duke.

– Tu as sûrement raison ! approuve Max. C'est super gentil de sa part. Elle…

Liam tourne la page. L'occupant du lit est un grand méchant loup.

– Ooooh, fait Duke.

– Aaaah ! s'écrie Max.

– Hmmm ? s'étonne Liam.

– Ah, euh, oui, se reprend Max en s'efforçant de décrire le dessin sans effrayer le bambin. Alors voilà : la mémé a un loup domestique. La petite fille vient leur rendre visite, tout se passe *très bien*, la petite rentre ensuite chez elle, personne ne s'est fait dévorer. FIN !

Et il ponctue l'histoire par un petit rire nerveux.

C'est à ce moment-là que Rico intervient. Il a entendu le récit de Max.

– Non, non, non, corrige-t-il. Ce n'est pas ce que raconte l'histoire.

– On avait fini, c'est bon, insiste Max avec un regard appuyé.

– Le loup va dévorer la petite, explique malgré tout le vieux chien.

– MAIS NON ! s'étrangle Max. Merci, Rico…

– D'ailleurs, il a déjà mangé la mémé, et il se fait passer pour elle.

– Noooooon ! hurle Liam.

14
Sa Majesté Gidget

– Tu vas faire peur à mon bébé ! gronde Max en fixant Rico.

Liam, lui, n'a pas l'air bien apeuré. Il plaque une main sur l'image du loup. *TAP ! TAP ! TAP !*

– Prends ça, vilain Loup ! tonne l'enfant.

– Il est serein, le gamin, commente Rico en repartant. C'est toi, qui trembles pour un rien.

– Même pas vrai ! s'indigne Max. Dis-lui, Duke !

– C'est clair, Max n'a pas peur de tout, embraie Duke. Tiens, par exemple, euh… Bon, il y a deux ou trois trucs…

Le gros chien a beau chercher, aucun exemple ne lui vient à l'esprit.

– C'est bon, merci, soupire Max.

– Pas de quoi ! claironne son ami.

De son côté, Gidget s'est rendue à la fenêtre de l'appartement de la vieille dame. Elle porte sa tenue de chatte, et elle est accompagnée de Norman, le cochon d'Inde.

– OK, Norman, à nous de jouer. Tu es prêt ?

– Oui, chef ! lui répond Norman avec un salut militaire.

Et il escalade la façade du bâtiment tandis que Gidget se dirige vers la fenêtre. La chienne-chatte inspire à fond avant de pénétrer dans l'appartement. Sitôt que les autres chats l'aperçoivent, ils s'avancent vers elle. Ils ne savent pas trop à quoi ils ont affaire... Mais soudain, la vieille dame s'interpose entre ses animaux et Gidget. Elle tapote la visiteuse sur la tête et lui dit :

– Gentil minou.

– Miaou, répond Gidget de sa voix la plus féline.

Puis elle se tourne et siffle en direction des autres chats, comme pour les défier d'approcher.

Ceux-ci se désintéressent immédiatement d'elle. Gidget n'est apparemment qu'une simple chatte !

COUIC ! COUIC !

Gidget reconnaît ce bruit au-dessus de sa tête. Elle lève les yeux et aperçoit... Bizz Abeille, perchée au sommet d'une tour à chats !

– Elle est là... chuchote Gidget.

Sans plus attendre, elle escalade la tour. Hélas, arrivée tout en haut, elle découvre un gigantesque chat endormi, Bizz Abeille entre ses pattes.

– Mince, alors… soupire-t-elle. Bon, ressaisis-toi, ma grande !

Elle tente alors de retirer Bizz Abeille, sans réveiller le matou. Hélas, celui-ci plante ses griffes dans le joujou… Gidget retente sa chance. *COUIC !* Le colosse se réveille en rugissant !

– MIIIIAAARRRRAAAOU !

Gidget en profite pour attraper Bizz Abeille et se réfugier de l'autre côté de la tour.

– Norman ! À toi ! s'écrie-t-elle.

– Ça marche, ma grande ! réplique Norman depuis le tuyau où il a tout observé.

Il braque un pointeur laser rouge juste à côté de Gidget. Le gros matou ouvre de grands yeux… et se met à chasser le point rouge. Norman déplace le faisceau sur le sol. Le chat se jette du haut de la tour, atterrit dans un gros *BOUM !* D'autres félins se pressent autour de lui. Tous scrutent la tour qui vacille, à présent…

Au sommet de la structure, Gidget se cramponne de toutes ses griffes. Hélas, pour cela, elle doit lâcher le joujou chéri de Max.

– Bizz Abeille ! panique-t-elle en voyant l'objet tomber par terre.

Pire encore : tous les chats se mettent à grimper vers elle !

– Oups… glapit Gidget. PLAN B !

– Plan B engagé ! réagit Norman.

Aussitôt, le cochon d'Inde braque son pointeur sur la tour à côté de Gidget, de sorte que tous les chats puissent voir le point rouge. Puis Gidget tend une patte sur le point et Norman éteint son appareil. Les chats ont l'impression que Gidget a attrapé le rond rouge. Ils n'en croient pas leurs yeux !

Ensuite, Gidget porte sa patte à sa gueule et fait semblant d'avaler le point !

– Elle a attrapé le point rouge ! s'étrangle un gros matou.

– TROP FORTE ! s'exclament ses compagnons.

Gidget redescend alors de la tour et ramasse Bizz Abeille.

– C'est l'Élue ! proclame un chat.

– On se prosterne devant la reine ! enchaîne l'énorme matou.

– La reine ! crient les chats en faisant la révérence à Gidget.

Dans l'un des prés qui entourent la ferme, un petit troupeau de bœufs part au galop. Mais avant qu'ils n'aient le temps d'aller où que ce soit, Rico fonce se planter devant eux et les foudroie du regard. Les bêtes repartent immédiatement vers leur enclos.

– Plus vite ! les pousse Rico.

Max et Duke observent la scène.

– Tu as vu ça, Max ? trépigne Duke. Trop fort !

– Mouais… lui répond son ami, blasé.

C'est surtout qu'il n'a pas dormi de la nuit et qu'il tombe de fatigue.

– Ex-cel-lent ! s'extasie Duke.

– Rôôô, ce n'est pas si extraordinaire que ça non plus… râle Max.

Rico finit de reconduire les bœufs.

– On se dépêche ! Allez, allez ! Bougez-vous !

Puis il referme le portillon du bout de la truffe.

– J'hal-lu-cine… souffle Duke, clairement impressionné.

Mais tandis que Rico quitte les lieux, un gros cochon arrive à ouvrir son enclos et à sortir dans la cour.

– Hé, regarde ! lance Max à Duke. Un cochon qui s'évade !

– Il faut prévenir Rico, décide Duke.

Max réfléchit trois secondes avant de déclarer :

– Non. Pas la peine. Je m'en charge !

Le petit chien s'approche du gros cochon qui reste immobile, l'air de s'ennuyer.

– Ohé, mon grand ! Fais demi-tour, allez zou !

Le cochon observe un instant Max, puis tourne la tête. Duke encourage son ami d'un signe de tête.

– Allez ! insiste Max.

Mais le cochon l'ignore toujours. Alors le chien tente de le pousser par le flanc.

– Tu te débrouilles comme un chef ! lui lance Duke. Passe sous son ventre !

– Allez, tu rentres ! ordonne Max au cochon.

– Je crois qu'il a légèrement bougé, estime Duke.

Max change d'approche et va se planter devant l'animal.

– Je t'interdis de m'ignorer ! le prévient-il.

Pour toute réponse, le cochon se contente de déterrer une botte de radis. Max les lui arrache de la gueule, mais le cochon s'en déterre une autre botte et les déguste.

– Rôôô, allez, quoi ! se désespère Max.

Et il grimpe sur le dos du cochon.

– Euh, Max… l'interpelle Duke. Rico, lui, il mordille les pattes des bêtes qu'il veut faire bouger…

– Sérieux ? s'étonne son ami en sautillant sur le dos du cochon. C'est un peu extrême, mais bon… Tu l'auras voulu, cochon !

Et il lui mord… la queue !

YIIIIK ! Le cochon envoie valser Max contre une clôture. *BOUM !* Le choc arrache deux planches, et des moutons en profitent pour filer par l'ouverture. Max, lui, se relève en titubant.

– Hé, Max, tout va bien ? s'inquiète Duke.

– Ou-ouais, prononce lentement son ami. Et le cochon, ça va ?

Duke se tourne l'animal, qui mange toujours devant la grange.

– La forme, répond Duke.

Au même instant, Rico rapplique au pas de course.

– Qu'est-ce qui se passe, ici ?

– Pas de panique, lui assure Max. Je n'ai rien !

– Tu as laissé échapper tous les moutons ! l'accuse Rico.

– Tu crois ? s'étonne Max.

Rico s'élance vers les fuyards en aboyant :

– Ohé ! Rentrez immédiatement ! Dépêchez-vous !

Les moutons lui obéissent au quart de tour.

– Une petite minute… grimace Rico en examinant le troupeau. Où est passé Coton ?

– Oh, il est allé faire un tour dans les bois, lui répond un mouton.

Rico pousse un soupir puis se tourne vers Max.

– Toi, lui dit-il. Suis-moi.

– On va où ? lui réplique Max.

– On part récupérer Coton.

Max stresse un peu mais, pour ne pas montrer sa nervosité à Rico, il déclare :

– Ah, super.

Puis il se tourne vers Duke et lui lance :

– Tu viens ?

– Duke, pas bouger, ordonne Rico.

Alors Duke s'assoit sagement.

– C'est entre toi et moi, Max, ajoute le chien de ferme.

– Oh, purée… souffle Max.

– Allez, on y va, enchaîne Rico en se dirigeant vers les bois.

Max lui emboîte le pas en disant « Super », et il adresse un dernier regard à Duke.

– À plus, le salue celui-ci.

Max pénètre dans les bois sombres et inquiétants au côté de Rico. Ce dernier marche d'un pas sûr.

– Coton ! crie-t-il. Où es-tu ?

Max a du mal à courir dans la forêt. Il doit sans cesse éviter les branches tombées, les herbes hautes et les cailloux. Les rues de New York sont plus faciles à négocier ! En plus, des ronces n'arrêtent pas de se prendre dans ses poils, et les branches lui fouettent la figure. *VLAN !*

Rico se retourne vers son compagnon, qui peine à tenir le rythme.

– Du nerf ! l'encourage-t-il. On se dépêche !

Un ruisseau se présente devant le duo. Rico bondit de rocher en rocher et arrive sur la berge opposée sans se mouiller. Max fait de son mieux pour l'imiter, tandis que Rico bondit déjà par-dessus des ronciers.

Max s'arrête devant l'obstacle. Il a peur de le franchir.

– C'est facile, allons ! l'interpelle Rico. Tu n'as qu'à sauter !

Max fléchit les pattes et bondit… droit dans les ronces !

– Aïe ! Aïe ! Aïe ! Aïe ! gémit-il en ressortant des épines.

– L'odeur est plus forte, lui annonce Rico. Coton n'est plus loin.

Dans la foulée, il s'engage sur un sentier pentu.

– Oh non… frémit Max en découvrant le chemin.

Après avoir marqué une pause, il entame l'ascension tout en s'encourageant : « OK, je peux le faire. C'est dans mes pattes. C'est dans mes… »

Hélas, il dérape et dévale les quelques mètres qu'il a parcourus !

Il tente à nouveau sa chance et scrute les meilleurs endroits où poser ses pattes. Enfin parvenu au sommet, il est épuisé. Rico, lui, poursuit les recherches.

– Hé, Rico, tu sais quoi ? l'interpelle Max. Continue sans moi. Je te ralentis.

– Hors de question que tu baisses les pattes, Max, le recadre le chien de ferme.

– Oui, non, mais…

– BÊÊÊÊ !

Coton est dans les parages !

– Suis-moi, Max ! ordonne Rico en reprenant la course.

Max s'élance après lui. Les voilà bientôt au bord d'un immense précipice. Ils aperçoivent un mouton, dont un sabot est coincé dans les branches d'un arbre dont la cime dépasse du gouffre. L'animal affiche une mine niaise.

– Coton, mais comment as-tu fait pour atterrir là ? peste Rico.

– Il y a plein de pommes dans cet arbre ! lui explique le mouton avec un enthousiasme un peu nigaud.

– OK, surtout ne panique pas.

Max, lui, va jeter un coup d'œil du haut de la falaise.

– Sacrée hauteur… gémit-il.

– Max va descendre te chercher, Coton, affirme Rico.

– Hein ? Quoi ? s'étrangle le petit chien.

– Je suis trop lourd pour cet arbre, déclare le chien de ferme. C'est toi qui descends.

Max plonge de nouveau son regard dans le vide. Tout cela ne lui dit rien qui vaille.

– Je… Je ne peux pas, avoue-t-il.

– Mais si, enfin ! le pousse Rico. Dis-toi que tu joues à aller chercher. Va chercher le mouton !

Max étudie la question. Ça lui semble toujours aussi impossible.

– Non, insiste-t-il. Non, non, non, non. C'est beaucoup trop haut, et j'ai beaucoup trop peur.

Rico se rapproche de lui.

– Je t'explique, Max : pour ne pas avoir peur, la première étape, c'est de faire comme si tu n'avais pas peur.

Max le regarde droit dans les yeux, médite ses paroles, puis hoche la tête.

– Donc, je te pose la question, enchaîne Rico : est-ce que tu as peur ?

– Non, répond Max voix d'une toute petite voix peu convaincante.

– EST-CE QUE TU AS PEUR ? répète Rico.

– NON ! redit Max, plus fort. Non, je n'ai pas peur !

– J'aime ton enthousiasme ! lui sourit le chien de ferme. Et maintenant, va chercher Coton ! Et vite !

Max plonge une nouvelle fois le regard vers Coton. Le mouton lui adresse son sourire le plus bêta.

– OK… murmure Max en inspirant à fond.

Puis il s'engage sur l'étroite saillie rocheuse qui descend jusqu'au mouton.

– Écoute bien, Coton, dit-il à l'animal. Tu vas t'avancer jusqu'à moi, d'accord ?

– Aucun problème, répond Coton. Sauf que ma patte est coincée.

Il montre à Max le problème.

– Sa patte est coincée ! annonce Max à Rico.

– Eh bien, décoince-la ! lui réplique le vieux chien.

– Euh… hésite Max.

Il ne sait pas comment s'y prendre. Alors il pose une patte sur le tronc de l'arbre. Puis une autre. Il dérape légèrement… l'arbre bouge.

– Cramponne-toi ! lui conseille Rico.

Horreur ! L'arbre commence à tomber !

– Youpiiii ! se réjouit Coton.

Le mouton n'a pas conscience du danger.

– AAAAAH ! s'égosille Max.

CRRRRAC !

L'arbre bute contre la paroi opposée du gouffre. La chute est stoppée… pour le moment ! Mais Max se doute que cela ne durera pas éternellement.

– OK, Coton, écoute-moi bien, reprend-il. On va devoir –

L'arbre glisse de nouveau.

– AAAAH ! hurle Max.

– Plus vite ! l'encourage Rico.

Max se rapproche lentement mais sûrement du mouton. Il parvient bientôt à saisir la queue de l'animal dans sa gueule. Ensuite, en tirant de toutes ses forces, il réussit à le dégager des branches et à le projeter sur la saillie rocheuse.

– La vache ! s'extasie Coton.

Max le rejoint une fraction de seconde avant que l'arbre ne chute une bonne fois pour toutes dans le vide.

Il guide ensuite son protégé vers le sommet de la falaise mais, au tout dernier moment, il dérape et manque de tomber à son tour !

– AAAAAH ! s'époumone-t-il.

Heureusement pour lui, Rico se penche dans le vide et le saisit par le collier. Ensuite, il n'a plus qu'à le hisser en sûreté. Max regarde alentour. Il est épuisé et couvert de bleus.

– On est vivants ! halète-t-il, incrédule.

– Exact ! lui confirme Rico.

– Carrément, se réjouit Coton, on est tous… OH NON !

Lui aussi manque à son tour tomber dans le vide. Mais Rico a des réflexes de folie, et il le rattrape de justesse.

– On est vivants, oui ! claironne le mouton.

À deux pas de la grange, une poignée de moutons voient une ombre se diriger vers eux. Duke suit leurs regards et reconnaît Max, Rico et Coton qui sortent des bois. Max est tout sale, mais il paraît très fier de lui.

– Max ! l'interpelle justement Duke.

– Retourne dans ton enclos, Coton, ordonne alors Rico.

– Ça marche, accepte le mouton en allant rejoindre ses collègues.

Duke, lui, s'approche de Max.

– Alors, ça s'est passé comment ? Raconte-moi !

– Ben, disons que ç'a été un peu intense, commence Max. Je te laisse la parole, Rico.

– Ça n'a pas été sans mal, convient le vieux chien. Mais tout est terminé, à présent.

Sans un mot de plus, il laisse les deux amis.

– Waouh… s'extasie Duke. Lui alors, il sait bien raconter les histoires…

– Carrément, approuve Max.

Dans un recoin sombre de New York, les loups de Sergei pénètrent dans un parc à chiens. Le secteur est entouré de gratte-ciel et quelques étoiles scintillent dans le ciel noir.

– On approche, affirme le chef de la meute en humant l'air.

Daisy, elle, s'adresse à un groupe de chiens, de sa voix la plus théâtrale :

– Bref, j'étais là, cernée par cette horde de loups sauvages. Vous voulez savoir si j'avais peur ?

– Personne ne t'a rien demandé, réplique un chien. C'est toi qui es venue et qui t'es mise à nous parler.

– J'avais peur, oui, poursuit Daisy, sans relever l'intervention. Mais j'ai quand même réussi à sauver le tigre. Suis-je une héroïne ? Ce n'est pas à moi de le dire…

Soudain, elle remarque que Boubou est en train de creuser la terre.

– Boubou ! l'interpelle-t-elle. Boubou, tu m'écoutes ?

– Oui, oui, lui répond le chien sans cesser de creuser.

– Arrête une minute, Boubou, tu vas peut-être apprendre des choses intéressantes, lui ordonne Daisy.

Derrière la petite chienne, les loups de Sergei approchent. Les autres chiens les repèrent… hélas, pas Daisy.

– Bref, reprend celle-ci, la morale de l'histoire est la suivante : il faut croire en soi.

– D-d-des l-loups ! bredouille un chien, terrorisé.

– Je me tue à vous le répéter, oui, souffle Daisy. Des *loups*.

Mais tout à coup, elle note que les chiens regardent derrière elle. Elle se retourne et découvre les loups… qui se jettent sur elle !

– ZUUUT ! glapit Daisy en sprintant vers les balançoires.

Des enfants l'aperçoivent et s'écrient « Toutou ! » mais Daisy ne s'arrête pas auprès d'eux. Les loups la prennent en chasse. Les enfants s'écrient de nouveau « Toutous ! » mais, quand les loups se mettent à gronder, eux aussi décampent à leur tour !

15
SOS tigre abandonné

Les loups repèrent un chien de berger isolé sur une pelouse. Ils se mettent à grogner, et l'animal prend peur et s'enfuit aussitôt. Hélas, Daisy se cachait sous ce colosse, et se retrouve donc à découvert… Les loups l'encerclent immédiatement.

– Où est le tigre ? l'interroge le chef des loups.

Sous le choc, Daisy reste d'abord muette. Puis elle s'écrie « Le voilà ! »

Les loups tournent la tête dans la direction indiquée. Ils ne voient pas le tigre… Mais quand ils se retournent, ils découvrent que Daisy a pris la poudre d'escampette !

De son côté, Pompon joue à un jeu vidéo dans son salon. Il n'a pas quitté son costume de super-héros, ni son masque. À l'écran, un personnage auquel le lapin a donné son apparence, se bat contre de gros méchants.

– Hé ! Prends ça ! aboie Pompon. Ça, c'est de l'entraînement ! Excellent pour les réflexes ! Ha !

DING !

– Ah, ma pizza ! se réjouit le lapin.

Il se dirige déjà vers la cuisine, quand un bruit extérieur attire son attention.

– Qu'est-ce que c'est ? demande-t-il

Il s'approche de la fenêtre, écarte le store et se retrouve truffe à truffe avec Papy, Hu et les chiots.

– AAAAH ! s'étrangle Pompon, surpris. Oh, ce n'est que Papy.

– Salut à toi, Pompon, embraie le vieux chien.

Le lapin le rejoint sur l'escalier de secours.

– Salut, Papy ! Quoi de neuf ?

– Rien de spécial. Je te ramenais juste ton gros tigre. Tu vas rire : IL A RAVAGÉ MON APPARTEMENT ! Il dévore les téléviseurs comme si c'étaient des chips !

– Le monstre… râle Pépin.

– Euh… Tu es bien sûr que c'est *mon* tigre ? demande Pompon pour gagner du temps. Moi, je n'en suis pas persuadé…

– On s'en va, les petits, déclare Papy en pivotant sur lui-même.

– M'enfin, vieux ! l'implore Pompon. Tu ne peux pas me faire ça !

Papy et les chiots s'éloignent malgré tout. Pompon se retrouve seul sur l'escalier de secours, avec Hu.

– Alors, mon grand… bredouille le lapin. La forme ?

Hu lui sourit, tout content de retrouver son ami à fourrure.

Dans la foulée, Pompon fait entrer Hu dans l'appartement de Max. Personne en vue. Le tigre se met aussitôt à mâchouiller les joujoux de Max.

– Et le tour est joué, se félicite-t-il.

Puis il ressort sur l'escalier de secours et referme la fenêtre.

– Problème réglé !

Hélas, dans l'appartement d'en face, Gidget a tout vu. Elle est entourée par les chats de la vieille dame, qui la considèrent à présent comme leur reine.

– Pompon ? interpelle-t-elle le lapin.

– Gidget ? lui réplique celui-ci, surpris.

– Qu'est-ce que tu fabriques chez Max ?

– Oh, rien, ment Pompon. Et toi, qu'est-ce que tu fabriques avec tous les chats de l'univers autour de toi ?

Gidget sent qu'elle va avoir du mal à expliquer toutes ses aventures… Alors elle préfère répondre :

– Rien de spécial. La routine, quoi.

– Okaaaay, fait Pompon, qui n'en croit rien mais ne le montre pas.

– Okaaaay, l'imite Gidget, que ne croit pas non plus que Pompon n'est rien venu faire chez Max.

Les deux animaux se regardent d'un air suspicieux.

– Okaaaay, répète Pompon.

16
Une médaille pour Max !

Il fait nuit à la ferme. Max trottine derrière Rico pour le rattraper. Le vieux chien regagne sa place habituelle sur l'épave de camion.

– Ohé, Rico, l'interpelle-t-il.

– Hé, petit ! Tu as fait du bon boulot, aujourd'hui.

– Merci, répond Max en souriant. Je dois reconnaître que ça m'a fait du bien. Je stresse moins, par rapport à la ferme, à toi, ou même à la dinde…

Ces mots dits, il se retourne et s'écrie :

– OUI, JE T'AI VUE, ESPÈCE DE MALADE !

La dinde, qui, en effet, suivait encore le petit chien, se fige sur place, stupéfaite.

– Je viens d'apprendre qu'on repartait demain matin, reprend Max, alors…

– AHOOOOOU ! hurle Rico en bondissant sur le toit du camion.

– Oh… fait Max.

Max regarde Rico qui hurle à la lune. Il ne sait pas trop comment il doit se comporter.

– Tu, euh… Tu me demandes de te laisser ? propose-t-il.

– Non, c'est juste une tradition, ici, s'esclaffe le vieux toutou. Tu te joins à moi ?

Max est flatté et excité par l'invitation.

– Euh, d'accord, se dépêche-t-il d'accepter. Trop cool !

Et il grimpe sur l'épave.

– Prêt à essayer ? suggère Rico avant de montrer l'exemple : AHOOOOU !

Tout timide, Max n'arrive à produire qu'un maigre « Ahoou… »

– Ça doit monter du fond de toi, lui explique Rico.

– D'accord, j'ai compris ! s'exclame Max.

Et aussitôt, les deux chiens se mettent à hurler en chœur :

– AHOOOU !

– Bien joué, Max ! le félicite Rico.

Le petit chien prend vite goût à la chose. Quel bonheur de hurler à la lune !

– AHOOOOOOU !

Le lendemain, de bonne heure, alors que Max dort encore sur le porche de la ferme, Rico vient déposer un bandana près de lui. Max entrouvre un œil et découvre le bandana : le même que porte Rico.

– Waouh ! s'extasie-t-il, impressionné.

Katie et Chuck, eux, sont en train de charger les bagages dans la voiture. Katie installe ensuite Liam sur la banquette arrière, et Chuck appelle les chiens.

– C'est l'heure, les gars !

Duke grimpe à côté de Liam. Max l'imite. Il a, autour du cou, le bandana offert par Rico.

– Alors ? interroge-t-il Duke et Liam. Vous en pensez quoi ?

– Trop cool ! glapit Liam.

– Mais où est passé mon copain Max ? sourit Duke. Et qui a fait monter à la place un super cow-boy ?

La voiture s'éloigne de la ferme. Katie fait signe de la main par la vitre et lance :

– Au revoir, Tonton Barnabé ! Et merci pour tout, c'était super !

– Au revoir ! lui répond le fermier. Et à bientôt !

– Salut, Rico ! s'écrie Duke.

– Et merci pour tout ! ajoute Max.

Rico suit la voiture des yeux. Le gros chien de ferme, d'habitude si dur et si calme, semble un peu ému. Du coin de l'œil, il avise la dinde, qui l'observe.

– Mêle-toi de tes ergots, lui dit-il. J'ai besoin d'un peu d'intimité.

La dinde vient se coller devant lui, la mine incrédule. Rico pivote sur lui-même. La dinde revient se caler devant lui. Rico roule des yeux, l'émotion est passée !

– OK, fin de l'intimité, déclare-t-il.

Et le voilà qui se couche en rond pour faire la sieste. La dinde s'affale par terre et l'imite.

Le soir même, épuisés par la longue route, Katie, Chuck, Liam et les chiens retrouvent leur appartement

new-yorkais. Chuck porte dans ses bras son fils endormi, et va le coucher dans son lit.

– Bonne nuit, bonhomme, lui souffle-t-il tandis que Katie éteint la lumière.

Duke se couche au pied du lit de l'enfant. Max sur un coussin.

– C'est bon d'être enfin chez soi, soupire-t-il.

– Carrément, approuve son ami.

Et les deux chiens s'endorment.

Pompon en profite pour se faufiler derrière Max sans le réveiller… Hélas, il trébuche.

– Chuuut ! murmure-t-il. Chuuut…

– Chuuut toi-même, lui renvoie Daisy.

Max ouvre les yeux à l'instant où quatre grosses pattes de tigre passent devant lui.

– Je rêve ou quoi ? s'étonne-t-il. Pompon !

– Tiens, P'tit Toutou, tu étais là ? prononce de sa voix la moins chevrotante le lapin.

– Qu'est-ce que tu fabriques dans mon appartement… avec un tigre ?

– Ah, euh… Mais, et toi ? Qu'est-ce qui te prend de rentrer aussi tôt, hein ?

– On n'a pas le temps, là ! s'interpose Daisy. Les loups du cirque sont à nos trousses ! Nous devons mettre Hu en sûreté.

– Les loups du cirque ? s'étrangle Max.

– J'ai aussi une vie quand tu n'es pas là, OK, P'tit Toutou ? lui réplique Pompon.

– Je veux bien, mais…
– Capitaine Pompon ! le coupe Daisy. Ils sont là !

17
Daisy kidnappée

– Quooooi ? panique Pompon.

Il se précipite à la fenêtre, Max sur ses talons. Les deux animaux découvrent la meute de loups en train d'escalader l'escalier de secours. Un camion est garé, les phares allumés, dans la ruelle en contrebas. Pompon, Daisy et Hu se mettent à paniquer.

– Les loups ! s'écrie le lapin. Oh non, non, non, non, non ! On est foutus ! On va tous mourir ! Non !

– Du calme, mon grand, souffle Daisy.

– OK, OK, tente de se reprendre Pompon. Il nous faut un plan. Viens, Daisy, on va cacher Hu sur le toit !

Avisant Max qui sort par la fenêtre, il l'interpelle :

– Hé, P'tit Toutou, tu vas où ?

– Je me le demande moi-même, admet Max. Je crois que je cherche à réveiller le Rico qui sommeille en moi.

– Hein ? fait Pompon, qui n'a rien compris à ce que vient de dire le chien.

Max n'a pas le temps de le lui expliquer. Il se dirige déjà vers les loups.

– OUAF ! OUAF ! lance-t-il aux deux premiers qui se présentent.

Hélas, deux autres loups les rejoignent, prêts à en découdre. Max veut reculer mais… il bute contre les jambes de Sergei.

D'un bon coup de pied, le maléfique personnage envoie Max valser par la fenêtre du sous-sol.

– Sale petit trouillard, ricane-t-il.

Max, de son côté, s'efforce de ressortir du sous-sol.

Pendant ce temps, Pompon et Daisy escortent Hu jusqu'au toit.

– Plus vite, Hu ! presse Pompon.

Lorsqu'ils arrivent à destination, le lapin lance à Daisy :

– Il ne nous reste plus qu'à le cacher dans le…

Mais il n'a pas le temps d'achever sa phrase que Little Sergei, le singe, surgit sur le toit.

– Aaaah ! s'écrie Pompon, croyant que les loups vont rappliquer. Oh, ça n'est que ce gugusse… Dis donc, Bonzo, tu ne voudrais pas retourner d'où tu viens ? Ça m'embêterait de devoir…

Little Sergei vient de l'attraper par les oreilles.

– Aïe ! glapit le lapin.

Le singe le secoue dans tous les sens et lui écrase même la tête par terre.

– AÏE-AÏE-AÏE-AÏE-AÏE ! s'égosille Pompon.

Et, pour finir, Little Sergei le projette dans un tuyau d'aération.

Au même instant, les loups débarquent.

– Sauve-toi, Hu ! s'étouffe Daisy.

La chienne tente de bloquer le passage aux monstres, mais ceux-ci la dégagent sans difficulté. Et ils encerclent Hu au moment où Sergei les rejoint, armé d'un pistolet à fléchettes tranquillisantes.

SCHTOUM !

Le projectile atteint le tigre en plein flanc.

Sergei sent alors qu'on tire sur sa jambe. Il penche la tête. C'est Daisy qui s'attaque à son pantalon.

– Oh, joli chien, fait l'homme avec un sourire mauvais. Moi aimer toi. Toi venir dans cirque. Pour faire boulet canon !

Et il attrape Daisy d'une main ferme. La pauvre chienne a beau s'époumoner, rien n'y fait : elle est prisonnière !

Max réussit à ressortir du sous-sol à l'instant même où Sergei confie Daisy à un clown posté près du camion.

Puis l'homme se tourne vers Hu, enfermé dans une cage installée dans le camion.

– Crétin de tigre ! s'écrie-t-il.

À moitié assommé par la fléchette de sédatif, et mort de peur de se retrouver enfermé de nouveau, Hu implore Max du regard. « Aide-moi, pitié », semble-t-il lui dire.

Sergei, qui n'a rien remarqué, claque les portes arrière du camion.

– Pathétique ! crache-t-il. Nous partir ! Train pas attendre !

Et il grimpe à l'avant du véhicule, tandis que Pompon chute de son tuyau et atterrit sur le trottoir. Le petit lapin s'élance aussitôt après le camion.

– Daisy ! Hu ! crie-t-il.

Mais le véhicule est trop rapide. Pompon s'immobilise, essoufflé, et se tourne vers Max.

– On fait quoi, P'tit Toutou ? lui demande-t-il.

Max a justement une idée. Une idée qui lui donne le sourire…

Quelques instants plus tard, Max et Pompon sont perchés sur la voiture télécommandée de Norman. Max à l'arrière, Pompon à l'avant. Les deux alliés déboulent dans une rue.

– WOU-HOU ! claironne le lapin, fou de vitesse. WOU-HOU ! HA ! HA !

Le duo double un motard, après quoi Pompon prononce dans son talkie-walkie :

– VOTRE ATTENTION À TOUS ! Ici Capitaine Pompon !

Dans l'appartement rempli de chats, Gidget entend l'appel.

– P'tit Toutou et moi, on a besoin de renforts ! réclame le super-lapin.

– Parfaitement bien reçu ! lui répond Gidget par talkie-walkie. À toi !

– … au cirque, lui parvient en retour la voix fractionnée de Pompon. … super urgent ! À toi !

– Bien reçu, confirme Gidget avant de s'adresser au joujou retrouvé : Bizz Abeille, maman va encore une fois devoir aller sauver papa.

Puis elle se tourne vers son armée de félins.

– Mes chats, à nous de jouer !

Ses « soldats » savent précisément ce qu'ils ont à faire. Ils jettent leurs croquettes à la poubelle et vont apporter leurs gamelles vides à la gentille mémé, en lui faisant des mines de chatons attendrissantes.

– Ils ont faim, mes bébés ? leur demande la dame.

Elle se lève de son fauteuil en grimaçant, puis va ouvrir les placards de la cuisine. Tous vides !

– Malheur… soupire-t-elle.

Une visite au supermarché s'impose. Alors la mémé enfile ses prothèses auditives et son dentier, après quoi elle prend son sac et ses clés. Quelques instants plus tard, la voilà qui déboule dans la rue, au volant de son gros vieux tacot, en compagnie de Gidget et des chats.

– Accrochez vos ceintures, les amis ! lance-t-elle.

– Tiens bon, Max ! prononce Gidget dans son talkie-walkie. On arrive !

Puis, aux chats :

– Appuyez sur le champignon !

Aussitôt, les félins enfoncent la pédale d'accélérateur et prennent le contrôle du volant.

– Oooooh ! fait la mémé.

Son tacot joue les bolides à travers New York !

18
Panique à bord

Les clowns de Sergei démontent le cirque et chargent le matériel dans les wagons.

– Plus vite, les clowns ! aboie leur patron en tirant sur la chaîne de Hu.

Le tigre cherche à se dégager, mais l'homme tient bon.

– Nous partir ! gronde Sergei en entraînant l'animal vers la locomotive. Nous partir ! Toi pas échapper à Sergei !

Le mécano n'attend plus que le signal du départ.

– OK, lui lance Sergei. Toi pouvoir démarrer.

Le mécano actionne un levier et le train s'ébranle.

Norman, Pompon et Max déboulent alors à bord de la voiture télécommandée.

– WAOUH ! HA, HA, HA, HA ! s'esclaffe le lapin.

La voiture percute les rails. Max et Pompon sont projetés vers le train. Norman atterrit brutalement. *BADABOUM !* Heureusement, il n'a rien de cassé… contrairement à la voiture.

Max parvient à grimper à bord du dernier wagon.

– Pompon ! crie-t-il au lapin. Vas-y ! Saute !

Le train prend de la vitesse, pourtant le petit lapin bondit de toutes ses forces. Son saut est un peu juste, mais Max le saisit par les oreilles et le hisse à bord.

Dans le tacot de la mémé, Gidget demande par talkie-walkie :

– Vous êtes où, les gars ?

– Ils sont à bord d'un train parti pour le nord. À toi ! répond Norman, le volant toujours entre les pattes.

– Bien reçu, Norman ! lui renvoie Gidget. On s'en occupe !

La petite chienne repose son talkie-walkie et s'adresse aux chats qui gèrent le volant :

– On tourne à droite !

YIIIIIII ! Les chats braquent le volant ; le tacot s'engage dans une sortie.

Max et Pompon courent sur les toits des wagons. Le lapin prend de l'avance, à grand renfort de roulades et de sauts de super-héros.

– Reste en arrière, P'tit Toutou ! réclame-t-il. Capitaine Pompon assuuuure !

Hélas, sur ces mots, il tombe dans le vasistas ouvert d'un wagon.

– Pompon ! panique Max.

– Tout va bien ! le rassure le lapin.

Max se penche par l'ouverture.

– Tu vois comment faire pour remonter ? demande-t-il à son ami.

Mais celui-ci n'a pas le temps de répondre que Max perçoit des grognements. Il se retourne et se retrouve truffe à truffe avec quatre loups.

– AAAAAAH ! s'égosille-t-il en prenant ses pattes à son cou.

Le petit chien se baisse pour éviter un panneau indicateur. Trois loups l'imitent… le quatrième se prend l'obstacle en pleine face. Ses collègues ne ralentissent pas pour autant. Ils doivent rattraper Max !

Pompon voit passer les monstres depuis son wagon.

– P'tit Toutou ! lance-t-il à Max.

Mais celui-ci a déjà filé. Le petit lapin observe l'intérieur du wagon.

– Ohé, fait-il en entendant un bruit dans la pénombre. OHÉ !

Il s'avance et aperçoit… Daisy ! Son amie est prisonnière d'un canon braqué vers le ciel !

– Daisy ! s'exclame Pompon, ravi de la revoir.

– Ouf, sauvée ! Te voilà ! lui réplique la chienne, tout aussi surexcitée.

Mais soudain, la lumière envahit le wagon. Little Sergei déboule juché sur un monocycle. Il jongle avec des quilles d'un air menaçant. Et le voilà qui jette une première quille sur Capitaine Pompon ! Heureusement, le super-lapin l'esquive. Furieux, il décide de contre-attaquer par une série de coups mortels de karaté.

– Finissons-en, sale singe ! gronde Capitaine Pompon en évitant une nouvelle quille. C'est alors qu'il prend conscience d'un détail qui le met en joie…

– Hé, mais tu es un super-méchant ! Tu es mon… ENNEMI MORTEL !

Et là : *PAN !* Une quille assomme le super-lapin.

Sur les toits du train, les loups pourchassent toujours Max. Celui-ci évite un nouveau panneau, en se glissant sur le côté. Son poursuivant tente d'en faire autant, mais il est emporté par son poids, et tombe dans le vide.

Plus que deux ! se réjouit Max en reprenant la course. Le wagon suivant transporte une montagne de tuyaux. Au passage, Max décroche par accident une attache et fait chuter cinq canalisations. Voilà qui lui donne une idée… Le petit chien fonce jusqu'à l'autre bout du wagon. Là, il mord l'autre attache, l'arrache, et tous les tuyaux valdinguent sous les pattes des loups. Ceux-ci n'ont pas le temps d'atteindre leur proie qu'ils sont éjectés du train.

Max pousse un soupir de soulagement avant de courir retrouver ses amis.

19

Coup de canon

Quand Capitaine Pompon rouvre les yeux, il découvre Little Sergei qui approche. Le singe a enflammé ses quilles, et il jongle avec. Et la course-poursuite reprend, autour du canon ! Un sourire vicieux aux babines, le singe allume la mèche du canon à l'aide d'une quille.

Daisy ouvre de grands yeux en découvrant la chose.

– Euh, Capitaine Pompon… tente-t-elle, afin d'attirer l'attention du héros.

– Oh non ! s'écrie celui-ci en accourant au canon.

Il cherche comment faire pour éteindre la mèche. Little Sergei le charge par-derrière et percute violemment le héros à fourrure. Le choc propulse le lapin contre le canon, qui bascule… Tandis que les deux animaux se battent, le canon se stabilise lentement, parallèle au sol. Daisy en profite pour s'en extirper.

Soulagé, Pompon peut se concentrer à 100 % sur Little Sergei. Le vilain petit singe va déguster ! Et voilà que Daisy braque le canon entre les deux adversaires. Little Sergei se retrouve face à la gueule du canon ; Daisy l'attend de patte ferme. Il est tombé dans son piège !

Le petit singe pousse un cri d'horreur en constatant que la mèche se consume toujours…

BOUM !

Max cavale toujours sur le toit du train lorsqu'il voit Little Sergei fuser dans le ciel nocturne, telle une étoile filante. La gueule béante, il constate que l'étoile se dirige droit sur lui.

VLAN !

Max est éjecté du train !

Le petit chien se remet sur ses pattes et inspecte le paysage. La locomotive s'éloigne déjà, mais elle descend une pente et va aborder un virage. Max estime qu'il doit pouvoir le rattraper, en sortie de virage… à condition de courir comme un dératé.

– Je peux le faire ! s'encourage-t-il.

Le voilà qui dévale la pente, traverse un petit bois et fond vers la voie ferrée.

Max donne tout ce qu'il a et débouche sur le tunnel dans lequel va s'engouffrer le train. Sans une hésitation, il inspire à fond et se jette dans le vide…

CRAC !

Max fracasse une vitre et atterrit aux pieds de Sergei. L'homme tient toujours Hu par une chaîne. Max lève les yeux vers le directeur du cirque et se met à gronder.

– Petit chien vouloir se battre ? Moi attendre t… *YAAAA !*

Ce monstre ne peut achever sa phrase : Max vient de lui mordre les fesses !

Au même instant, Daisy et Pompon font irruption dans le wagon. Sergei est assailli de toutes parts. Inspiré par la bravoure de ses amis, Hu se jette à son tour dans la bagarre. Il plaque Sergei au sol.

C'est alors que le mécano actionne le frein. *ZGIIIING !*

Sergei et les animaux sont éjectés du train. Les deux chiens et le lapin décampent déjà. Hélas, Hu est toujours enchaîné…

Sergei fusille du regard les animaux. Ses habits sont en lambeaux, couverts de terre… Mais il n'a pas lâché la chaîne.

– STOP ! Vous aller nulle part !

Sergei part d'un rire maléfique ; il croit avoir remporté la partie. Il sort de sa poche un pistolet. Les animaux se figent. Sergei s'apprête à tirer.

– Tout finir *ici* et *mainten…*

VLAN ! Le tacot de la mémé jaillit brusquement dans un déluge de musique assourdissant, le percute et l'envoie valser !

– WAAAAH ! hurle le gros méchant.

La voiture s'immobilise dans un dérapage qui produit un gros nuage de poussière. Tout hébété, Sergei tente de se relever.

Les animaux poussent des cris de joie ! Max, Daisy, Pompon et Hu sautent par la vitre baissée.

– Max ! s'égosille Gidget.

– Gidget ! lui répond Max.

La mémé sourit, ajuste ses lunettes et monte le volume de la radio. Puis elle enclenche la marche arrière. Sergei titube, essaie de courir… mais la vieille dame le renverse de nouveau au passage.

Max, Daisy, Pompon et Hu bondissent dans la voiture. La mémé passe la première et écrase le champignon. Trois secondes plus tard, elle a disparu dans la nuit.

20
Le grand jour

Le lendemain matin, une nouvelle journée commence à New York. Chloe va réveiller sa maîtresse… avec l'aide de son nouvel ami, Hu. Le tigre commence par sauter sur le lit de la jeune femme, puis il lui caresse la figure, de sa bonne grosse patte. La maîtresse dort toujours à poings fermés.

Hu interroge du regard Chloe. Celle-ci hoche la tête.

– ROOOAAAARRR ! rugit le tigre.

La maîtresse fait un bond de un mètre.

À en juger par sa réaction, Chloe devine que Hu n'aura pas le droit de rester vivre avec elle. Mais qui va bien pouvoir accueillir ce gros chat de la jungle… ? Chloe sourit tout à coup : la réponse vient de lui venir.

Lorsque Hu et Chloe pénètrent sur la pointe des coussinets dans l'appartement de la mémé, ils s'attendent à être accueillis par un cri. Mais à l'instant où la vieille dame découvre Hu, elle tombe sous son charme. Elle l'appelle à elle en gloussant, et le tigre se jette dans ses bras. La mémé tombe à la renverse dans un grand éclat de rire !

Molly réveille Pompon. Le super-héros est encore épuisé par ses aventures ! La petite fille l'installe devant le miroir et lui retire son costume, avant de lui en enfiler un nouveau. Encore à moitié endormi, Pompon entrouvre un œil et découvre son reflet.

– AAAAAH ! s'étrangle-t-il.

Molly l'a déguisé en princesse.

– Hé, mais... bredouille-t-il avant de s'observer sous toutes les coutures. Mais je DÉCHIRE, habillé comme ça ! Waouh !

En milieu de matinée, Max sort de son immeuble aux côtés de Katie, Chuck et Liam.

– Allez, mon grand, tu viens ? dit Katie.

– Tu vas adorer ! ajoute Chuck.

– Wou-hou ! claironne Liam.

La petite troupe s'engage sur le trottoir.

« Tout change, songe Max. Rien ne dure jamais. Dès qu'on s'habitue à un truc, dès qu'on croit que c'est pour toujours… La vie trouve le moyen de nous surprendre. On ne sait jamais ce qui nous attend. Alors on a le choix : soit on fonce, soit on se planque. »

Les voilà arrivés devant l'école maternelle.

« C'est un grand jour, se dit Max. À partir de maintenant, plus rien ne sera pareil. »

Liam observe le bâtiment avec de grands yeux.

– Waouh, s'extasie-t-il.

« Mais je vais être courageux, s'encourage le petit chien. Et je vais aider Liam à l'être aussi. »

Aussitôt, il léchouille Liam et le pousse gentiment du museau vers la cour de l'école.

– Parce que ce gosse est *mon* gosse, songe Max. Et que je veux qu'il découvre le monde. L'immense, effrayant et incroyable monde.

Liam court jouer avec les autres enfants.

Duke se tourne vers Max.

– Tu tiens le coup ? s'inquiète-t-il.

Max réfléchit un instant avant de répondre :

– Oui, ça va.

Les parents et les chiens repartent déjà vers leur appartement, quand ils entendent Liam appeler :

– Attendez !

Ils se retournent, le garçonnet les rejoint. Il serre Max et Duke dans ses bras et chuchote :

– Mes toutous…

– Pour toujours, mon grand, pour toujours, sourit Max.

Table

TOILET WATER
& Other Great Things
HISTORY OF
TREATS
ADVANCED
BEGGING

hachette s'engage pour l'environnement en réduisant l'empreinte carbone de ses livres.
Celle de cet exemplaire est de :
450 g éq. CO_2
Rendez-vous sur
www.hachette-durable.fr

PAPIER À BASE DE
FIBRES CERTIFIÉES

Photogravure Nord Compo - Villeneuve-d'Ascq
Imprimé en France par Pollina _ 89934
Dépôt légal : juillet 2019
Achevé d'imprimer : juin 2019
58.1351.5/01 – ISBN 978-2-01-709743-3
Loi n° 49956 du 16 juillet 1949
sur les publications destinées à la jeunesse